이야기대화식 책별 성경연구 » 신약

S E R I E S

이대희 지음 │ 바이블미션 편

# 사도행전 1

## (사도행전 1~12장)

KB206264

엔크리스토
ENCHRISTO

그리스도인이라면 누구나 한 가지 소망이 있습니다. 그것은 성경 66권을 공부하는 일입니다. 이 일이 쉽지는 않지만 누구나 한 번쯤 도전하고 싶을 것입니다.

성경을 공부하는 방법으로는 보통 주제별, 제목별, 개관별 등의 방법이 있지만, 성경공부의 진수를 맛보려면 책별 성경공부 이상 좋은 것이 없습니다. 새롭게 편성하여 주제를 맞추어 공부하는 것보다는 성경 자체를 가감 없이 공부하는 것이 더욱 필요합니다.

이런 의도에서 필자는 엔크리스토 성경대학을 통하여 수강생들과 같이 수년 동안 책별로 매년 한 권씩 연구해 나가고 있습니다. '이야기대화식 책별 성경연구 시리즈'는 그동안 성경대학에서 워크숍을 통해 함께 연구한 것을 토대로 다시 정리하고 펴낸 시리즈입니다. 탁상에서 집필한 것을 현장에서 사용함으로써 피드백을 거친 정통한 시리즈입니다. 어려운 작업이지만, 성경 66권 모두를 연구하고 펴낼 수 있기를 기도합니다.

성경을 공부하는 것은 영적 성장에 있어서 대단히 중요한 일입니다. 설교를 듣는 것으로는 영적 성장에 한계가 있습니다. 신앙의 홀로서기를 위해서는 개인적인 성경연구와 소그룹을 통한 성경공부가 필수입니다. 어느 한쪽으로 치우치지 않고 균형잡힌 신앙, 즉 하나님이 원하시는 온전한 신앙으로 자라기 위해서는 성경 자체를 공부해야 합니다.

그동안 한국 교회에서는 주로 강해설교를 통해 성경공부를 했습니다. 그러나 이제는 한 걸음 더 나아가 성도들이 그룹으로 성경 본문 자체를 연구하면서 스스로 성경을 보는 눈을 키워야 합니다. 이를 위해선 누구나 여행하는 마음으로 성경 속으로 들어가 공부할 수 있는 책별 성경공부가 필요하다는 생각이 들었습니다. 그래서 한국 상황에 맞는 이 시리즈가 탄생하게 되었습니다.

성경을 점점 더 멀리하는 이 시대이지만 주님께서는 성경을 통해 믿음이 다음 세대까지 전수되고 말씀을 통해 주님의 제자가 세워지기를 간절히 원하십니다. 저 또한 이야기대화식 성경연구 시리즈가 말씀을 회복하는 일에 쓰이기를 원합니다. 본 교재를 통해 성경의 참맛을 느끼고 말씀의 재미를 경험한다면 이보다 더 의미 있는 일은 없을 것입니다.

그동안 많은 분들이 이야기대화식 성경연구 방법을 현장에 적용하면서 성경을 보는 눈이 열리고 말씀을 재미있게 보게 되었다고 고백하고 있습니다. 이 교재를 사용하는 분들에게도 같은 은혜가 있기를 기도합니다. 말씀을 나누는 각 교회 현장에서 성경이 살아나고 영혼이 살아나며 교회와 가정과 이웃과 민족이 생기를 얻는다면 이보다 더 좋은 일은 없을 것입니다.

말씀을 통한 새 역사를 꿈꿉니다. 또 말씀이 동력이 되어 교회와 개인의 신앙이 성장하기를 소원합니다. 우리의 모든 삶은 세상적인 경험이나 사조, 유행이 아닌 말씀에서 나와야 합니다. 모든 것의 근원인 말씀에서 삶과 프로그램이 나온다면 그것이야말로 말씀의 성육신을 이루는 삶이라 할 수 있습니다. 이야기대화식 책별 성경연구 시리즈가 말씀의 생활화를 이루는 초석이 되기를 기도합니다.

성서사람 · 성서교회 · 성서한국 · 성서나라가
이루어지는 그 날을 꿈꾸며
이 대 희

# 교 재 의 특 징

1 성경 전체 66권을 각 권별로 자유롭게 선택하여 사용할 수 있는 성경공부입니다.

2 드라마를 보며 여행을 하는 재미를 경험하는 내러티브 성경공부입니다.

3 모든 세대(중등부~장년부) 누구나 참여할 수 있는 총체적 성경공부입니다.

4 이야기와 대화를 사용하는 소그룹, 셀그룹, 구역 등에 적합한 성경공부입니다.

5 다양한 상황(성경강해, 기도회, 성경공부 모임)에 응용할 수 있는 성경공부입니다.

6 성경 전체를 체계적으로 연구할 수 있는 성경공부입니다.

7 장기적으로 신앙성장을 이루는 균형 잡힌 평생 양육 성경공부입니다.

8 귀납적 방법과 이야기대화식 방법을 조화시킨 한국 토양에 맞는 성경공부입니다.

9 말씀의 능력을 체험하면서 삶의 변화를 이루는 역동적 성경공부입니다.

10 성경 속으로 누구나 쉽게 다가서며 말씀의 깊이를 체험하는 성경공부입니다.

11 영적 상상력과 응용력을 키워주는 창의적 성경공부입니다.

# 차 례

1 책별 성경연구 시리즈는 연속극처럼 연결되는 맛이 있으므로 장면 장면이 서로 이어지게 하면서 하나의 이야기로 이끌어가도록 합니다.

2 어떤 사상이나 교리보다는 성경말씀 자체를 사랑하며 말씀이 나를 보도록 하고 오늘 나에게 주시는 음성을 듣는 데 초점을 맞춰야 합니다.

3 교재에 너무 의지하기보다는 교재에 나와 있는 질문을 중심으로 각자 새롭게 상황에 따라 창의적으로 만들어가면서 본문 말씀 안으로 들어가도록 합니다.(Tip은 먼저 보지 말고 이해되지 않을 때 참고)

4 성경을 연구하면서 점차 성경을 보는 눈과 능력을 배양하고 성경 안으로 깊이 들어가는 데 목표를 둡니다.

5 일방적인 강의보다는 소그룹에서 대화를 나누는 방식으로 그룹 활성화를 이루어 성경공부의 흥미를 유발합니다. (자세한 인도자 노하우는《이야기대화식 성경연구(이대희 저, 엔크리스토 간)》를 참조)

6 성경책별의 유형을 잘 살펴서 그것에 맞는 특징을 살리면 더욱 성경공부가 흥미롭습니다.

7 책별 성경연구는 각 과가 장면 형태로 구성되어 있고 기존의 지식형 공부방법을 탈피하여 드라마나 영화장면을 보는 것처럼 입체적 상상력을 갖고 성경을 공부하는 방식입니다.

8 각 과가 진행될 때 해당하는 과를 모두 마쳐야 한다는 중압감을 벗고 상황에 따라 과를 두 번에 나누어 진행하는 등 성령의 인도에 따라 진행을 자유롭게 하는 것이 좋습니다.

그리스도인 이라면 누구나 갖는 한 가지 소망 ……
이 한 권에 담긴 **이야기**의 소망 ……

Narrative

# 사도행전 1

## (사도행전 1~12장)

# 사도행전 1

## (사도행전 1~12장)

## 1. 배경과 개관

### 1) 저자

저자는 누가복음을 기록한 누가다. 누가는 나중에 드로아에서 바울과 함께 사역한 의사였다(행 16:8~10). 사도행전은 누가복음의 후편으로서 교회에 대해 기록한 글이다. 이스라엘을 시작으로 복음이 전파된 경로를 역사적인 기록을 통하여 우리에게 알려주고 있다. 사도행전은 확장된 하나님나라의 이야기다. 교회를 통하여 하나님나라를 건설하는 것을 생동감 있게 기록하고 있다. 특히 교회와 하나님나라를 건설하는 주체는 사람이나 조직이 아닌 성령의 역사였음을 말하고 있다. 이런 면에서 사도행전을 성령행전이라고도 한다. 사도행전의 기록 연대는 A.D 62년에서 2세기 중반으로 추정된다. 누가는 바울과 가까운 여행 동반자로서 바울의 사역을 더욱 상세하게 기록할 수 있었다.

### 2) 특징

① 설교를 중심으로 한 기록방식이다. 베드로의 설교(2:14~39, 3:11~26, 10:27~43)와 스데반의 설교(7:1~53)와 바울의 설교(13:16~47, 17:22~31, 20:17~35) 등이 설교를 중심으로 기록되었다. 이 설교들은 다양한 배경 속에서 그리스도의 복음이 어떻게 전파되는지 설명하고 있다. 그리스

도에 대한 이야기가 사도행전을 통해 계속 나타나고 있음을 의미한다.

② 사도행전에 나타나는 이야기의 중요한 전환점마다 성령께서 결정적 역할을 하고 있다. 이것은 저자 누가의 특별한 서술 방식이다. 전환점마다 성령의 역할이 강조되고 있는데 이는 그리스도께서 다시 오실 때까지 성령의 역사가 계속 이어짐을 의미한다.

③ 복음의 역동성과 확장성이다. 복음은 하나님의 능력이다. 하나님의 구원 행위는 유대인이나 이방인 모두에게 차별 없이 적용되고 어느 것으로도 방해받을 수 없는 특징을 지니고 있다. 복음을 만나면 누구든지 놀랍게 변화되고 지역과 대상을 넘어 복음의 확장이 이루어진다.

④ 복음의 반응에 대한 것이다. 사도행전을 통하여 복음이 전파되는 과정을 보면 언제나 두 종류의 사람이 등장한다. 하나는 복음을 받아들이는 사람이며 또 하나는 복음을 거부하는 사람이다. 이야기가 진행될수록 이방인은 복음을 잘 받아들이는 반면 유대인과 예루살렘 지도자들은 복음을 거부하고 교회를 배척하는 특징을 보이고 있다. 복음이 이방인에게도 퍼짐으로써 이스라엘이 시기나게 하는데, 이는 궁극적으로 이스라엘을 구원시킨다는 역설적인 연관성을 가지고 있다.

3) 주요등장 인물
• 베드로 : 예루살렘 지도자
• 빌립 : 유대와 사마리아 전도자
• 바울 : 이방세계 전도자

4) 사도행전과 누가복음의 관계
① 누가복음이 수직적 표현 방식이었다면 사도행전은 이방인 선교에 관심을 두고서 수평적 표현 방식을 택했다.

② 저자 누가는 자신의 복음서인 누가복음과 역사서인 사도행전을 1, 2부로 구성하고 있다. 사도행전을 읽을 때는 누가복음을 근거로 그것과 관련성을 가지고 연구해야 한다.

③ 누가복음은 유다에서 예루살렘으로 향하는 지리적인 순서를 적용하고 있지만 사도행전은 반대로 예루살렘에서 출발하여 유다의 다른 지역으로 확장되어 나가고 있다. 이것이 바울과 연결성을 가지면서 당시 제국의 중심부인 로마에게까지 확장되고 있다.

5) 사도행전의 내용 구조

| 1~7장(예루살렘) | 8~12장(유대와 사마리아) | 13~28장(땅 끝까지) |
| --- | --- | --- |
| 예루살렘 | 유대와 사마리아, 이방지역 | 안디옥이 중심지 |
| 베드로 | 베드로에서 바울로 옮겨짐 | 사도 바울 |
| 열두 사도 활약 | 열두 사도 퇴장 | 사도 바울이 부각 |
| 이스라엘을 향한 메시지 | 이방 지역을 향한 메시지 | 모든 사람을 향한 메시지 |
| 초대교회 태동과 성장 | 빌립의 복음 증거<br>사울의 회심<br>베드로의 복음 증거<br>초대교회 박해 | 예루살렘 공의회<br>1~3차 로마 전도여행 |

6) 지도

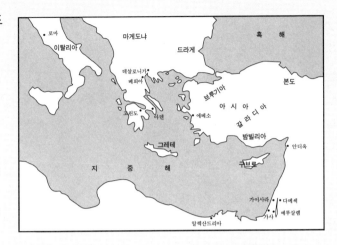

## 2. 이야기 사도행전 전체 구성

>> 도입

예루살렘에서 시작된 복음 이야기(1:1~6:7)

• 성령의 오심으로 새로운 시대가 열림

• 예루살렘을 중심한 초대교회 성령 공동체

• 두 공동체 출현(헬라어를 사용하는 헬라파 유대 그리스도인과 아람어를 사용하는 예루살렘파 유대 그리스도인으로 복음 확장의 주역은 헬라파 유대 그리스도인들이다.)

>> 전개1

유대와 사마리아로 확장되는 복음 이야기(6:8~9:31)

• 스데반의 설교와 순교

• 빌립을 통한 사마리아 복음 전파

• 이방인 선교의 핵심인물인 사울의 회심과 이방 지도자로의 부르심

〉〉전개2

이방인에게 전파되는 복음 이야기(9:32~12:24)

• 유대 지도자인 베드로와 이방인 고넬료의 만남

• 헬라파 유대인들에 의해 이방인 선교의 중심지인 안디옥교회 설립
(유대인과 이방인이 복음으로 연결됨)

〉〉갈등

아시아로 전파되는 복음 이야기(12:25~16:5)

• 안디옥교회가 새로운 선교 중심지로 부상

• 베드로가 퇴장하고 바울이 핵심적인 인물로 등장

• 복음전파는 유대교와 단절되는 결과를 가져옴

• 예루살렘 공의회를 통하여 이방인에게 율법에 얽매이지 않는 복음이
확증됨

〉〉절정

유럽으로 전파되는 복음 이야기(16:6~19:20)

• 바울의 2차, 3차 전도 여행

• 안디옥에서 출발하여 안디옥으로 돌아옴

〉〉대단원

로마에 전파되는 복음 이야기(19:21~28:30)

• 바울이 로마로 간 과정의 이야기

• 바울의 동족인 유대인에 대한 관심과 설교

• 난파를 통해 로마로 입성

# 성령의 약속과 승천

| 성경 본문 | **사도행전 1:1~11**

본문은 예수님의 제자들이 지향해야 할 복음전파의 사명에 대해서 언급하고 있습니다. 이런 면에서 예수님의 승천 사건은 중요한 위치를 차지하고 있습니다. 특히 성령을 보내주신다는 약속은 복음 전파와 교회성장에 끊임없는 원동력을 주었습니다. 성령의 오심을 기다려야 한다는 예수님의 교훈은 예수님과 성령님의 연계성을 말해 주는 점에서 중요한 의미를 지니고 있습니다.

**1.** 사도행전은 누구에게 쓴 책이며 이것은 어느 복음서의 후편입니까? 전편에는 어떤 내용이 기록되어 있습니까?(1~2)

_____

_____

**2.** 예수님은 부활 후에 얼마동안 지상에 계셨으며 어떤 일을 하셨습니까?(3)

_____

_____

**3.** 예수님이 부활하신 후에 사도들에게 나타나 특별히 분부한 내용은 무엇입니까?(4~5)

_____

_____

**4.** 사도들이 함께 모였을 때 예수님께 궁금해하며 질문한 내용은 무엇이며, 예수님은 이에 대해 어떤 답변을 하셨는지 말해 보십시오.(6~8)

_____

_____

**5.** 성령과 교회와 복음 증거의 관계에 대해 말해 보십시오.(8)

_____

_____

**6.** 예수님이 하늘로 승천하신 과정과 의미를 말해 보십시오.(9~11)

**1.** 예수님께서 부활하신 후에 제자들이 왜 모였습니까?(4~6) 이것은 교회의 태동에 중요한 의미를 제공하고 있는데, 어떤 점에서 그런지 말해 보십시오.(참고, 눅 24:49)

**Tip** 주님이 약속하신 것을 기다리기 위해 모였습니다. 모든 것은 약속이 먼저입니다. 약속을 따라갔던 아브라함처럼 모든 것은 말씀에서 시작합니다. 말씀이 없으면 아직 시작된 것이 아닙니다. 기도 역시 말씀 안에서 해야 합니다.

**2.** 제자들이 생각한 하나님 나라와 예수님이 생각한 하나님 나라의 차이점은 무엇입니까?

**Tip** 제자들이 생각한 하나님 나라는 이 세상에서 이루어지는 나라입니다. 그러나 주님이 말하는 하나님의 나라는 시공간을 초월한 나라입니다. 하나님의 나라는 눈으로 보고 규정될 수 있는 나라가 아닌 하나님의 의를 이루는 하나님의 통치를 받는 나라입니다.

**3.** 사도행전 1:8은 사도행전 전체의 구조를 한마디로 대변해 주는 구절입니다. 어떤 점에서 그런지 사도행전 전체의 개요를 간단히 말해 보십시오.

**Tip** 예루살렘과 유대와 사마리아와 땅끝까지 복음이 전해지는 것은 사도행전의 지리적인 모습입니다. 사도행전의 이야기가 앞으로 어떻게 진행될 것을 말해 주고 있는 핵심구절입니다.

| 1~7장(예루살렘) | 8~12장(유대와 사마리아) | 13~28장(땅 끝까지) |
|---|---|---|

**4.** 예수님은 재림을 약속하셨습니다. 예수님이 재림하실 때까지 우리가 힘써야 할 일은 무엇입니까? 재림에 대한 이야기를 읽으면서 특별히 발견되는 영적 교훈을 말해 보십시오.(참고, 눅 21:27; 행 3:19~21)

**Tip** 주님이 언제 재림하실지 아무도 모릅니다. 그때까지 우리는 주님의 증인이 되어야 합니다. 때를 얻든지 못 얻든지 오늘이 마지막이라는 생각을 가지고 주님의 증인으로서 살아야 합니다.

말씀의 실천

**1.** 오늘 깨달음과 도전을 주는 말씀은 무엇입니까?

**2**. 오늘 말씀을 통해 이번 주에 실천해야 할 사항은 무엇인지 삶의 적용을 위한 구체적인 실천계획과 함께 말해 보십시오.

_____

_____


**3**. 오늘 말씀을 통해 발견한 기도제목은 무엇입니까? 아울러 함께 기도의 시간을 가지십시오.

_____

_____

 내가 깨달은 영적 교훈과 삶의 적용

# 사도의 보충

| 성경 본문 | **사도행전 1:12~26**

본문은 예수님을 배반한 가룟 유다로 인하여 공석이 된 사도의 자리를 보충하기 위해서 신앙과 용기를 겸비한 사도를 선택하는 내용입니다. 이것은 복음 전파의 사명을 감당해야 하는 적극적인 의지를 강조하는 의미를 지니고 있습니다. 특히 사도의 임무가 그리스도의 부활을 전하는 것이라고 언급한 것은 부활의 중요성을 말하는 것입니다.

**1.** 다락방에 모인 사람들은 어떤 분류의 사람인지 말해 보십시오.(12~14)

_____

_____

**2.** 그들은 모여서 무엇을 했습니까?(14)

_____

_____

**3.** 베드로는 기도에 힘쓴 120명의 무리 속에서 성령의 인도에 따라 어떤 제안을 했습니까?(15~16)

_____

_____

**4.** 베드로가 가룟 유다에 대해 한 말을 정리해 보십시오.(17~20)

_____

_____

**5.** 성경의 예언대로 가룟 유다를 대신할 제자를 뽑을 때 자격 기준은 무엇입니까?(21~22)

_____

_____

**6**. 추천한 두 사람 중에서 어떻게 한 사람의 사도를 뽑았는지 그 과정을 말해 보십시오. (23~26)

_____

_____

**1**. 복음을 반대하던 예수님의 가족이 사도들과 함께 모인 것은 어떤 의미가 있습니까?

_____

_____

**Tip** 예수님이 이 땅에 계셨을 때는 반대하던 예수님의 가족이 이제는 주님을 믿는 증인으로 살기로 다짐한 것을 의미합니다. 주님도 가족의 구원을 위해 기도했을 것입니다. 결국 그 기도가 이루어진 것입니다. 포기하지 않고 기도하고 구하면 언젠가는 이루어집니다.

**2**. 공석인 제자를 뽑는 일은 하나님의 일을 이루는 일입니다. 일꾼 선정에서 기준을 말하는 것은 왜 중요합니까? 기준에 맞지 않는 사람이 교회 일꾼이 되면 어떤 문제를 야기하게 됩니까?

_____

_____

**Tip** 하나님의 나라는 언제나 사람을 통해서 이루어집니다. 사람이 가장 중요합니다. 물질이나 땅보다 사람이 더 우선입니다. 사람을 세워 그 사람으로 하나님의 역사를 이루게 하는 일이 성경적인 모습입니다. 자격을 갖추지 않은 사람이 일꾼이 되면 큰 문제를 일으킵니다.

3. 사도의 자격 조건을 통해서 발견되는 영적 의미를 말해 보십시오. 이것을 통해 우리가 오늘날 교회 안에서 일꾼을 선정할 때 가져야 할 성경적 지침을 말해 보십시오.

_____

_____

**Tip** 교회의 봉사자는 말씀을 이루는 사람입니다. 무엇보다도 말씀의 뿌리가 튼튼해야 합니다.

4. 제비뽑기에 대한 영적 의미는 무엇입니까? 사도를 선택할 때 제비뽑기를 한 이유는 무엇입니까?(참고, 잠 16:33, 18:18)

_____

_____

**Tip** 인간이 선택하지 않고 하나님이 선택한다는 의미를 지니고 있습니다. 기도하고 제비뽑기 방식을 취하는 것은 전적인 하나님의 선택권을 강조하는 것입니다.

말씀의 실천

1. 오늘 깨달음과 도전을 주는 말씀은 무엇입니까?

_____

_____

2. 오늘 말씀을 통해 이번 주에 실천해야 할 사항은 무엇인지 삶의 적용을 위한 구체적인 실천계획과 함께 말해 보십시오.

_____

_____

3. 오늘 말씀을 통해 발견한 기도제목은 무엇입니까? 아울러 함께 기도의 시간을 가지십시오.

_____

_____

 내가 깨달은 영적 교훈과 삶의 적용

# 성령 강림

| 성경 본문 | 사도행전 2:1~13

교회가 어떻게 시작되었으며 교회를 이끄는 주체가 누구
인지를 말해 주는 성령 강림 이야기는 교회를 세워 나가는
데 중요한 지침이 됩니다. 세상의 단체를 세우는 것과는
다르게 교회는 전적으로 성령 받은 사람들과 성령 충만 속
에 나타난 성령의 은사에 따라 서로 섬기는 모임입니다.
오순절 성령 사건으로 말미암아 예수님의 제자들은 본격
적으로 복음을 소아시아와 마게도냐와 로마에 전하게 되
었습니다. 성령의 강림은 그 사명을 감당하게 하는 원동
력이었습니다.

말씀의
살핌

**1.** 주님의 약속을 믿고 한 곳에 모여 있을 때 성령이 임한 모습을 그려 보십시오. (1~3)

＊오순절(pentecost)은 50의 수를 상징하고, 초실절이 지난 50일째 되는 날(레 23:15~21)로 그리스도의 죽으심을 상징한다(고전 5:7). 초실절은 그리스도의 부활을 상징(고전 15:20~23)하고, 오순절은 성령 강림을 상징(고전 12:13)한다.

_____

_____

**2.** 모인 사람들이 성령 충만하자 어떤 일이 일어났습니까?(4)

_____

_____

**3.** 경건한 유대인이 천하각국에서 모여 이런 성령의 역사를 본 뒤에 어떤 반응을 보였습니까?(5~8)

_____

_____

**4.** 이때 모인 사람들은 어느 나라 사람들입니까?(9~11)

_____

_____

**5.** 방언의 역사를 보고 사람들은 어떤 반응을 보였습니까?(12~13)

_____

_____

말씀의
깨달음

**1.** 구약에서 성령은 특별한 사람에게만 임했습니다. 그러나 신약에서는 모인 각 사람(모든 성도들)에게 임했습니다. 이것이 우리에게 주는 영적 교훈을 말해 보십시오.

---

**Tip** 신약에서 나타난 성령의 강림은 모든 사람을 위한 하나님의 은혜입니다. 이제 선민인 이스라엘에게만 하나님의 은혜가 임하는 것이 아닌 이방 모든 나라에게도 하나님의 영이 임함을 알려주는 사건입니다. 이스라엘이 자기의 임무를 다하지 못했기 때문에 그 역할이 이방인으로 넘어가게 된 것입니다.

**2.** 성령의 충만은 어떤 것인지 말해 보십시오. 그것과 성령 은사의 관계에 대해 말해 보십시오.

---

**Tip** 성령 충만은 성령의 지배를 받는 것을 의미합니다. 성령의 지배를 받으면 생각과 마음과 행동이 달라집니다. 나의 생각이 아닌 주님의 마음과 뜻을 따라 사는 사람으로 변화됩니다. 성령받은 사람에게 주어진 선물이 은사입니다.

**3.** 사도행전에서 오순절에 처음 임한 방언은 난 곳 방언입니다. 곧 알아들을 수 있는 각 나라의 방언입니다. 그러나 고린도교회에 나타난 방언은 알아들을 수 없는 방언입니다. 이와 관련하여 바람직한 방언 사용법에 대해 말해 보십시오. (참고, 고전 14:26~33)

---

**Tip** 사도행전의 방언은 알아들을 수 있는 나라말입니다. 태어난 곳의 말을 들을 수 있다는 것은 신기한 일입니다. 배우지 않은 다른 나라 말을 할 수 있는 것은 성령의 역사가 아니면 불가능한 일입니다. 오늘 일어나는 방언 대부분은 고린도에서의 방언처럼 알아들을 수 없는 방언입니다. 이것은 혼란이 많이 일어나고 큰 유익이 되지 못합니다. 지금도 이런 사도행전적 방언이 일어난다면 얼마나 좋을까요?

## 말씀의 실천

**1.** 오늘 깨달음과 도전을 주는 말씀은 무엇입니까?

_____

_____

**2.** 오늘 말씀을 통해 이번 주에 실천해야 할 사항은 무엇인지 삶의 적용을 위한 구체적인 실천계획과 함께 말해 보십시오.

_____

_____

**3.** 오늘 말씀을 통해 발견한 기도제목은 무엇입니까? 아울러 함께 기도의 시간을 가지십시오.

_____

_____

 내가 깨달은 영적 교훈과 삶의 적용

_____

_____

_____

_____

# 베드로의 설교

| 성경 본문 | **사도행전 2:14~36**

성령 강림의 역사에 대한 표징으로서 베드로가 예루살렘으로부터 올라온 사람들에게 증거하고 있습니다. 자신에게 임한 성령의 강림은 이미 구약 선지자 요엘의 말씀에 근거한 것임을 제시합니다. 베드로는 예수님이 메시아, 즉 주와 그리스도가 되신다는 사실을 전하면서 자신의 신앙을 다시 한번 고백하고 있습니다. 베드로는 이런 모든 것을 통하여 유대인을 회심하게 하며 결단을 촉구하고 있습니다.

말씀의
살핌

**1.** 성령의 역사로 방언을 하는 것을 보고 사람들이 새 술에 취했다고 말하는 것에 대해서 베드로는 어떻게 이야기하고 있습니까?(14~15)

＊삼 시는 9시다. 유대인은 안식일이나 절기에는 오전 9시가 되기 전에는 아무것도 먹거나 마시지 않는다. 10시가 되어야 아침 식사를 한다.

_____

_____

**2.** 구약의 요엘 선지자에게 말씀하신 예언을 정리해 보십시오.(16~21)

1) 17~18절
_____

2) 19~20절
_____

3) 21절
_____

**3.** 유대인에게 주는 그리스도의 메시지를 정리해 보십시오.

1) 22~24절: 그리스도의 인격과 생애
_____

2) 25~31절: 시편 16:8~11에 기록된 부활의 예언
_____

3) 32절: 부활의 증인
_____

4) 33절: 성령께서 오심

5) 34~35절: 부활의 약속

6) 36절: 죄를 깨달음

1. 베드로는 성령의 강림에 대해서 어떻게 설명하고 있습니까? 이것이 오늘날 우리에게 주는 의미는 무엇입니까?

Tip 성령 강림은 우연히 일어난 것이 아닌 이미 구약에서 오래 전에 약속한 것이 성취된 것입니다. 하나님의 모든 일은 약속과 성취의 관계 속에서 이해해야 합니다. 성령의 나타나심이 말씀과 관계없으면 위험합니다.

2. 21절과 23~24, 32~33, 36절을 중심으로 베드로가 하는 설교의 특징을 정리해 보십시오.

Tip 사도들의 설교의 특징은 십자가와 부활입니다. 인간의 죄를 대신 지기 위하여 고난을 당하신 예수님은 사흘 만에 부활하셨습니다. 주님은 우리의 모든 고난을 짊어지시고 그것을 부활의 능력으로 승화시킨 분입니다. 주님을 믿으면 오늘 우리에게도 이런 일이 일어납니다. 이런 면에서 고난 당하는 모든 인간들에게 주님은 복음입니다.

**3.** 베드로의 설교에서 특별히 깨닫는 것은 무엇입니까?

---

---

**Tip** 구약의 내용을 그대로 전했고, 그것은 예수 그리스도에게 집중해 있습니다. 성경은 예수 그리스도에게 맞추어져 있습니다. 성경의 모든 이야기는 그리스도에 대한 것으로 가득 차 있습니다. 어떻게 그리스도를 만나느냐가 설교의 핵심입니다.

**1.** 오늘 깨달음과 도전을 주는 말씀은 무엇입니까?

---

---

**2.** 오늘 말씀을 통해 이번 주에 실천해야 할 사항은 무엇인지 삶의 적용을 위한 구체적인 실천계획과 함께 말해 보십시오.

---

---

**3.** 오늘 말씀을 통해 발견한 기도제목은 무엇입니까? 아울러 함께 기도의 시간을 가지십시오.

---

---

# SCENE 5

# 복음과 성령의 역사

| 성경 본문 | 사도행전 2:37~47

교회의 역사는 말씀과 성령의 역사입니다. 말씀은 살아 있는 하나님의 능력입니다. 어부 출신인 베드로는 말씀을 전파하여 한 번에 3,000명이 회개하는 놀라운 기적을 이루어 냈습니다. 하나님의 말씀은 사람의 혼과 골수를 쪼갭니다. 이런 복음을 들은 사람들은 변화되어 교회를 이루었고, 이런 사람들이 많아지면서 교회는 날로 성장해 나갔습니다. 초대 교회 성도들은 능력 있는 삶을 살았습니다. 말씀대로 실천하면서 형제를 자기 몸처럼 사랑하고 믿지 않는 사람들에게도 칭송을 받을 정도로 아름다운 모습이었습니다.

**말씀의
살핌**

**1.** 모인 사람들이 베드로의 설교를 듣고 어떻게 반응했습니까?(37)

_____

_____

**2.** 베드로는 문제를 어떻게 해결해야 할지 몰라서 고민하는 사람들에게 어떤 해결책을 제시했습니까?(38)

_____

_____

**3.** 성령의 약속은 어떤 특징을 갖고 있습니까?(39)

_____

_____

**4.** 베드로의 설교를 듣고 많은 사람이 구원 받을 당시의 시대 모습은 어떠했습니까?(40)

_____

_____

**5.** 베드로의 설교를 듣고 사람들은 어떻게 행동했습니까?(41)

_____

_____

**6.** 구원 받은 이후로 초대 교회 성도들은 어떤 영적 삶을 살았는지 말해 보십시오.(42)

_____

_____

**7.** 초대 교회에는 사도들을 통하여 어떤 일이 많이 나타났습니까?(43)

_____

_____

**8.** 성령 받은 성도들을 통해 어떤 삶이 나타났습니까?(44~46)

_____

_____

**9.** 초대 교회는 어떤 성장을 했습니까?(47)

_____

_____

말씀의
깨달음

**1.** 성령은 하나님께서 주시는 선물입니다. 성령 받는 과정에 대해 설명해 보고 주위에서 성령에 대해 오해하고 있는 부분이 있다면 말해 보십시오.

---

**Tip** 성령은 거저주시는 하나님의 선물입니다. 그리스도를 믿는 사람은 누구든지 성령을 선물로 받습니다. 주님을 영접했으면 이미 성령을 받았습니다. 이것을 혼동하면 안 됩니다. 느끼든 느끼지 않든 성령으로 말미암아 주님을 구주로 고백한 것입니다.

**2.** 초대 교회 때에는 구원 받은 사람들이 서로 가르치고 교제하며 성찬을 나누고 기도에 힘썼습니다. 구원 받은 이후에 이와 같은 영적 삶이 중요한 이유는 무엇입니까?

---

**Tip** 구원 받은 사람은 하나님의 자녀가 되었습니다. 교회 공동체가 함께 모여 삶을 나누는 것은 너무나 당연한 일입니다. 한 지체로서 한 몸을 느끼는 교회가 진정한 교회입니다. 주님을 믿는 모든 사람은 한 가족입니다.

**3.** 성령 받은 공동체의 모습은 세상의 모임과는 분명 다릅니다. 어떤 점에서 달라야 하는지 말해 보고, 이것이 오늘날 우리 교회에서 잘 이루어지지 않는 이유에 대해서도 함께 생각해 보십시오.

---

**Tip** 성령을 받은 교회 공동체는 성령 공동체입니다. 혈육이나 세상의 배경으로 하나된 것이 아닌 성령의 교통을 이루는 영적 가족입니다. 세상의 가족은 일시적이지만 교회 공동체의 가족은 영원합니다. 이런 면에서 교회 공동체가 더 중요합니다. 세상의 가치가 교회 속에 들어오면 교회 공동체는 타락하게 됩니다.

4. 교회의 성장은 구원 받는 수가 날마다 더해가는 것입니다. 인위적인 성장이 아닌 자연적인 교회 성장의 모습과 방법에 대해서 말씀의 사용과 관련하여 말해 보십시오.

Tip 교회 성장은 자연스러워야 합니다. 생명이기에 인위적인 성장은 죽은 성장입니다. 생명의 성장은 자연스러운 모습으로 하나님이 주도하십니다. 말씀에 충실하고 바른 교회 공동체를 이루면 하나님은 교회를 날마다 성장하게 하십니다. 오늘 우리가 꿈꾸는 교회 성장의 모습입니다.

말씀의 실천

1. 오늘 깨달음과 도전을 주는 말씀은 무엇입니까?

2. 오늘 말씀을 통해 이번 주에 실천해야 할 사항은 무엇인지 삶의 적용을 위한 구체적인 실천계획과 함께 말해 보십시오.

3. 오늘 말씀을 통해 발견한 기도제목은 무엇입니까? 아울러 함께 기도의 시간을 가지십시오.

내가 깨달은 영적 교훈과 삶의 적용

# 복음과 기적

| 성경 본문 | **사도행전 3:1~11**

복음을 가진 사람은 능력의 사람입니다. 베드로가 믿음 하나로 성전의 앉은뱅이를 일으켜 세운 일은 이러한 사실을 입증합니다. 오직 예수 그리스도의 이름 하나로 인간의 힘으로는 불가능한 일을 이루어냈습니다. 이것은 복음의 위대성을 보여주는 좋은 예입니다. 사도들뿐 아니라 오늘 그리스도를 믿는 우리에게도 이런 능력은 동일하게 주어졌습니다. 이것을 믿음으로 사용할 때 그리스도인은 하나님의 사람으로서 살게 됩니다.

**1.** 베드로와 요한은 왜 성전에 올라갔습니까?(1)

＊유대인과 초대 교인들은 하루에 세 번 시간을 정하여 기도하는 습관을 갖고 있었습니다. 3시(오전 9시), 6시(정오), 9시(오후 3시)

---

**2.** 앉은뱅이 된 자를 사람들이 메고 성전에 두는 이유는 무엇입니까?(2)

＊미문: 성전의 동문을 가리킨다. 구리와 금과 은으로 만들어졌기 때문에 미문(美門)이라 한다.

---

**3.** 베드로와 요한이 성전에 들어가려 할 때 앉은뱅이는 어떻게 했습니까?(3)

---

**4.** 베드로와 요한이 구걸하는 앉은뱅이를 주목하여 볼 때 그는 어떤 목적으로 사도들을 바라보았습니까?(4~5)

5. 베드로는 그런 그에게 무엇을 제시했습니까?(6)

_____

_____

6. 그리스도를 준다는 것은 구체적으로 무엇을 의미하는지 본문의 내용을 통하여 정리해 보십시오.(6)

_____

_____

7. 앉은뱅이가 어떻게 일어서게 되었는지 그 과정을 말해 보십시오.(7~8)

_____

_____

8. 육신의 고침을 받은 앉은뱅이는 어떻게 삶이 변화되었습니까?(8~9)

_____

_____

말씀의
깨달음

**1.** 앉은뱅이는 잃어버린 죄인들을 상징합니다. 다음의 모습을 통하여 죄인들의 모습을 말해 보십시오.

1) 절름발이로 태어남

2) 혼자 걸을 수 없음

3) 성전 밖에 있음

4) 육신적인 만족을 위해 구걸함

**Tip** 인간은 태어날 때부터 죄인입니다. 인간은 자기 스스로를 구원할 수 없습니다. 하나님의 언약 밖에 있고 영이 죽었기 때문에 육신적인 욕망을 위해서만 살아갑니다. 하나님의 형상이 파괴되어 불완전합니다. 온전해지려면 구원을 받아야 합니다. 구원을 받으면 이런 인간의 불완전한 모습이 벗어집니다.

**2.** 베드로를 통한 기적은 이미 구약의 선지자를 통해 약속된 것이었습니다. 이런 일은 성령의 역사입니다. 그리스도를 영접하고 성령이 임할 때 이와 같은 기적을 일으킵니다. 왜 이런 일이 일어나는지 말해 보십시오.(참고, 사 35:3~10)

**Tip** 성령이 임하시면 인간이 할 수 없는 일까지도 합니다. 그것은 인간이 아닌 성령의 힘입니다. 인간 이상을 뛰어넘는 성령의 역사를 그리스도인은 확신하고 사모해야 합니다. 내가 죽고 성령이 온전히 나를 지배하면 이런 기적이 일어납니다.

**3.** 기적과 복음을 전하는 구원의 관계에 대해 말해 보십시오.

_____

_____

**Tip** 복음에는 능력이 있습니다. 복음 안에는 기적이 숨어 있습니다. 기적은 복음을 드러내는 데 목적이 있습니다. 기적은 복음의 위대성을 드러내기 위하여 필요합니다. 우리는 기적보다는 복음의 능력을 믿어야 합니다.

**1.** 오늘 깨달음과 도전을 주는 말씀은 무엇입니까?

_____

_____

**2.** 오늘 말씀을 통해 이번 주에 실천해야 할 사항은 무엇인지 삶의 적용을 위한 구체적인 실천계획과 함께 말해 보십시오.

_____

_____

**3.** 오늘 말씀을 통해 발견한 기도제목은 무엇입니까? 아울러 함께 기도의 시간을 가지십시오.

_____

_____

**내가 깨달은 영적 교훈과 삶의 적용**

SCENE 7

# 병을 낫게 한 것은

| 성경 본문 | 사도행전 3:11~26

본문은 베드로의 두 번째 설교 내용입니다. 베드로가 앉은뱅이를 일으킨 사건으로 크게 충격 받은 유대인들에게 베드로는 자기의 능력이 예수님의 이름을 힘입어 행해진 것임을 설교를 통해 전하고 있습니다. 자기를 능력 있게 한 예수는 아브라함에게 약속하신 자손이며 모세와 같은 선지자라는 것을 밝히고 있습니다. 얼마 전까지만 해도 세 번 예수님을 부인한 베드로였지만 자기 죄를 회개하고 주님과의 관계를 바르게 하면서 주님의 능력을 덧입게 되었습니다.

말씀의
살핌

**1.** 앉은뱅이가 병이 다 나은 후에 베드로와 요한에게 어떻게 행동했으며, 이를 본 백성은 어떤 반응을 보였습니까?(11)

_____

_____

**2.** 사람들은 병이 나은 이유에 대해서 어떻게 생각하고 있습니까?(12)

_____

_____

**3.** 베드로는 나면서부터 못 걷게 된 사람을 고치게 한 것이 무엇이라고 말하고 있습니까?(12~16)

_____

_____

**4.** 우리는 어떤 증인이 되어야 합니까?(15)

_____

_____

**5.** 누가 예수님이 십자가에서 고난을 당하면서 죽을 것을 예언했으며, 이것은 어떤 의미가 있습니까?(17~18)

_____

_____

6. 어떻게 해야 하나님께 위로 받고 유쾌한 일이 일어납니까?(19)

_____

_____

7. 베드로는 앞으로 일어날 일에 대해서 성경적으로 어떻게 설명하고 있는지 말해 보십시오.(20~24)

_____

_____

8. 우리는 하나님 앞에서 어떤 존재들입니까?(25)

_____

_____

9. 하나님께서 우리에게 주님을 보내주신 궁극적인 이유는 무엇입니까?(26)

_____

_____

말씀의
깨달음

**1.** 치유의 역사를 일으키는 믿음과 십자가의 능력이란 구체적으로 무엇을 의미하는지 말해 보십시오.

_____

**Tip** 치유가 일어나는 것은 하나님이 나를 움직였다는 의미입니다. 우리가 믿음을 가지면 이런 치유하심이 현재에도 일어납니다. 십자가의 능력이 나에게 임하기 위해서는 내가 십자가에 장사지내는 결단을 해야 합니다. 내가 죽으면 내 안의 그리스도가 삽니다. 나를 하나님이 도구로 사용할 때 십자가의 능력이 나타납니다.

**2.** 왜 많은 치유 사역자들이 기적을 하나님의 능력이 아닌 인간의 능력으로 돌릴까요? 우리가 하나님의 능력과 역사를 가로채지 않는 최선의 방안은 무엇인지 말해 보십시오.

_____

**Tip** 치유와 기적은 하나님이 나를 사용하실 때만 일어납니다. 늘 이런 역사가 일어나지 않습니다. 제자들에게도 때때로 기적이 침묵했습니다. 기적이 일어나는 것은 곧 하나님이 함께하시고 나를 사용하신다는 증거입니다. 하나님이 하시는 모든 일이 기적입니다. 기적보다 기적을 일으키시는 하나님께 집중해야 합니다.

**3.** 병을 고치는 기적과 치유의 궁극적인 목적은 무엇입니까?

_____

**Tip** 주의 이름으로 치유가 일어나는 것은 하나님의 영광을 드러내기 위해서입니다. 주님의 이름이 아닌 다른 방법으로 병고침을 받을 수 있습니다. 그러나 거기에는 하나님의 이름이 드러나지 않습니다. 기적 후에는 믿음이 자라고 하나님을 인정하는 열매를 맺어야 합니다.

4. 오늘 본문에서 베드로는 초대 교회의 설교의 핵심을 말해 줍니다. 이것을 통해서 발견되는 설교의 특징과 우리가 도전받는 점에 대해 말해 보십시오.

---

**Tip** 설교의 핵심은 예수 그리스도입니다. 그리스도를 전하는 것이 설교요 전도입니다. 주님을 만나지 못하면 아무리 훌륭한 설교라도 사람을 근본적으로 변화시키지 못합니다. 그리스도보다 더 큰 능력은 없습니다. 이것이 그리스도를 설교 속에서 드러내야 하는 중요한 이유입니다.

말씀의 실천

1. 오늘 깨달음과 도전을 주는 말씀은 무엇입니까?

---

2. 오늘 말씀을 통해 이번 주에 실천해야 할 사항은 무엇인지 삶의 적용을 위한 구체적인 실천계획과 함께 말해 보십시오.

---

3. 오늘 말씀을 통해 발견한 기도제목은 무엇입니까? 아울러 함께 기도의 시간을 가지십시오.

---

내가 깨달은 영적 교훈과 삶의 적용

# 살아 있는
# 담대한 믿음

| 성경 본문 | 사도행전 4:1~22

베드로의 이러한 설교에 대해 유대인들은 어떤 반응을 보였을까요? 평범한 사람들은 구원을 받았으나 지도자들은 사도들을 시기하며 체포했습니다. 사두개인들이 앞장서서 종교적인 탄압을 했습니다. 사도들을 재판관들 앞에 서게 했으나 죄를 찾지 못하자 석방해 주었습니다. 무엇보다도 제자들의 담대함과 말씀의 능력, 고침받은 사람의 간증은 재판관들의 입을 막기에 충분했습니다. 이것은 예수님이 제자들에게 세상이 자기와 같이 취급할 것이라고 예언한 말씀의 성취입니다.

말씀의
살핌

**1.** 사도들이 십자가의 도(복음)를 전하자 어떤 현상이 일어났습니까?(1~4)

1) 부정적인 현상

2) 긍정적인 현상

**2.** 사도들 앞에 모인 사람들은 어떤 부류들이며, 그들은 베드로에게 어떤 문제를 제기했습니까?(5~7)

**3.** 베드로가 성령 충만하여 전한 메시지의 내용을 정리해 보십시오. (8~12)

**4.** 사람들이 베드로와 요한을 보고 놀란 이유는 무엇입니까?(13)

5. 그럼에도 그들은 왜 베드로와 요한에게 아무 말도 하지 못했습니까?(14)

_____

_____

6. 그들이 베드로와 요한을 밖으로 나가게 한 후에 어떤 대책을 논의했습니까?(15~17)

_____

_____

7. 서로 상의한 후에 베드로와 요한을 다시 불러서 무엇을 명령했습니까?(18)

_____

_____

8. 베드로와 요한은 어떤 대처방안을 마련했습니까?(19~20)

_____

_____

9. 관원들이 사도들을 다시 내어준 이유는 무엇입니까?(21)

_____

_____

말씀의
깨달음

1. 제사장과 장로와 서기관들은 예수님에게 행했던 것과 같은 방법으로 사도들에게도 행했습니다. 이 방법은 어떤 것이며, 이것이 주는 영적 교훈은 무엇인지 말해 보십시오.(참고, 마 21:23)

---

Tip 제사장은 누구의 권세로 이렇게 병을 고치느냐고 항의했습니다. 그들은 '그리스도' 라는 이름의 위력을 몰랐습니다. 그리스도가 누구인지 몰랐던 지배자들처럼 제사장들은 지금 제자들이 믿는 그리스도가 누구인지 몰랐습니다. 그리스도는 곧 하나님의 아들이십니다. 이것을 믿는다면 그리스도의 이름으로 병 고치는 일은 쉽습니다.

2. 11절에서 건축자들의 버린 돌은 누구를 가리키고 있습니까?

---

Tip 예수 그리스도가 곧 하나님이심을 모르기에 그들은 주님을 죽였습니다. 지금도 수많은 사람들이 그리스도가 누구인지 모르기에 똑같은 행동을 하고 있습니다.

3. 예수님이 구원자이심을 확신하는 믿음은 감옥에 갇히는 것도 두려워하지 않고 사람들과 타협하지 않는 담대한 능력으로 나타나고 있는데, 어떻게 해서 사도들이 이런 담대한 믿음을 갖게 되었습니까?(참고, 행 2:24~36)

---

Tip 예수님을 믿는 믿음은 시대와 공간을 뛰어넘는 힘이 있습니다. 이미 하늘나라를 소유했기에 세상에서 더 가질 것이 없고 욕심 부릴 것도 없습니다. 큰 것을 소유한 사람은 작은 것에 그리 신경쓰지 않습니다.

말씀의
실천

**1.** 오늘 깨달음과 도전을 주는 말씀은 무엇입니까?

_____

_____

**2.** 오늘 말씀을 통해 이번 주에 실천해야 할 사항은 무엇인지 삶의 적용
을 위한 구체적인 실천계획과 함께 말해 보십시오.

_____

_____

**3.** 오늘 말씀을 통해 발견한 기도제목은 무엇입니까? 아울러 함께 기도
의 시간을 가지십시오.

_____

_____

 내가 깨달은 영적 교훈과 삶의 적용

_____

_____

_____

_____

# 성령 충만함의 역사

| 성경 본문 | 사도행전 4:23~37

사도들은 자기들에게 닥칠 예고된 환란을 이미 알고 있었습니다. 그런 이유로 핍박이 왔을 때 낙심하거나 신앙이 위축되지 않았습니다. 그들은 기도로 더욱 더 힘을 얻었습니다. 이런 성령 충만함은 생활에도 그대로 나타나서 내적으로는 서로 사랑을 나누었고 외적으로는 담대하게 복음을 전파하게 되었습니다. 성령 충만함은 나타나는 상황의 본질을 잘 이해하게 하고 그것을 이기게 하는 힘을 제공합니다. 대부분의 시험은 상황을 잘못 이해하는 데서 옵니다. 고난을 이기기 위해서는 성령으로 하여금 상황을 잘 이해하게 해달라고 기도하는 것이 중요합니다.

말씀의
살핌

**1.** 사도들이 석방되어 성도들에게 나와서 제사장들과 장로들의 말을
전할 때 교회는 어떤 반응을 보였습니까?(23~24)

_____

_____


**2.** 동료들이 일제히 큰 소리로 기도한 내용을 정리해 보십시오. (24~30)

1) 과거 그리스도에 대한 내용

_____

2) 현재 사도들의 복음 전도에 대한 내용

_____

_____


**3.** 기도를 마치자 그곳에서 어떤 일이 일어났습니까?(31)

_____

_____


**4.** 성령 충만함을 받은 많은 성도들에게 어떤 기적의 역사가 일어났습
니까?(32)

_____

_____

5. 사도들은 어떤 사명을 감당했습니까? 사도들의 중언을 들은 성도들에게 어떤 복이 임했습니까?(33)

 

 

6. 성령의 충만함을 입은 초대 교회에서 일어난 나눔의 삶에 대해 말해 보십시오. (34~35)

 

 

7. 성도들 중에 특별히 모범적인 사람이 나누는 삶이 소개되고 있는데, 그 내용을 정리해 보십시오. (36~37)

말씀의
깨달음

1. 성도들의 기도를 통해서 특별히 느낀 도전과 은혜를 말해 보십시오.

 

 

Tip 어려움을 당했을 때 주위의 중보기도는 중요합니다. 특히 의인의 기도는 역사하는 힘이 많습니다. 그런 사람들이 내 주위에 있다면 이보다 행복한 일은 없습니다.

2. 성령 충만의 가장 중요한 목적은 무엇입니까?

_____

_____

**Tip** 성령 충만은 성령에게 지배당하는 것입니다. 성령 충만을 받으면 자기는 완전히 죽고 그리스도만 살게 됩니다. 성령 충만을 받으면 자기가 아닌 주님이 드러나게 됩니다. 성령 충만은 나를 위해서가 아닌 주님의 뜻을 이루기 위해서 주시는 것입니다.

3. 공산주의에서의 나눔은 '네 것은 내 것이다' 이지만 초대 교회의 나눔은 '내 것이 네 것이다' 라는 것입니다. 초대 교회에 이런 놀라운 나눔의 삶이 일어난 이유는 무엇입니까? 이것을 오늘날 우리 교회에 어떻게 적용해야 합니까?(참고, 행 11:27~30; 딤전 5:8; 살후 3:7~13)

_____

_____

**Tip** 우리가 가진 모든 것은 하나님으로부터 왔습니다. 거저 받은 것입니다. 그러므로 줄 때는 거저 주어야 합니다. 교회는 이것을 실천하는 곳입니다. 나눔을 실천할 때 하나님의 은혜가 드러납니다. 교회가 나눔을 세상에 보여줄 때 교회를 통하여 하나님의 영광이 드러나게 됩니다.

말씀의
실천

1. 오늘 깨달음과 도전을 주는 말씀은 무엇입니까?

_____

_____

**2.** 오늘 말씀을 통해 이번 주에 실천해야 할 사항은 무엇인지 삶의 적용을 위한 구체적인 실천계획과 함께 말해 보십시오.

_____

_____

**3.** 오늘 말씀을 통해 발견한 기도제목은 무엇입니까? 아울러 함께 기도의 시간을 가지십시오.

_____

_____

 내가 깨달은 영적 교훈과 삶의 적용

# 교회 내적인 문제

| 성경 본문 | 사도행전 5:1~16

대외적으로는 초대 교회에서 뜨거운 사랑과 놀라운 능력
이 일어났지만 한편으로는 교회 내에 교회의 순수성을 헤
치고 성령을 속이며 교회 공동체의 신뢰성을 파괴하는 행
위가 나타나게 됩니다. 결국 개인적인 것을 넘어 공동체
에 해를 끼침으로 하나님의 엄한 심판을 받게 됩니다. 이
것은 교회 속에서 사도의 권위를 세우며 교회를 건강하게
하는 데 중요한 요소가 됩니다. 사단이 교회 안에서 속임
수를 사용하여 공동체를 흔들어 놓으려 하는 것을 늘 경계
해야 합니다.

**1.** 초대 교회는 내적인 어려움과 외적인 어려움 모두를 겪고 있었습니다. 내적인 어려움은 교회 안에 있는 가짜 그리스도인 때문입니다. 바나바와 달리 아나니아와 삽비라 부부가 잘못한 내용을 말해 보십시오.(1~4)

_____

_____

**2.** 아나니아는 위선적인 신앙을 드러내며 거짓말을 했습니다. 그 결과는 어떠했습니까?(5~6)

_____

_____

**3.** 부인 삽비라가 남편 아나니아와 같이 거짓말한 내용은 무엇입니까?(7~8)

_____

_____

**4.** 그들이 거짓말한 결과는 무엇입니까? 그리고, 그것 때문에 교회와 이 일을 듣는 사람들은 어떤 반응을 보였습니까?(9~11)

_____

_____

**5.** 사도들을 통하여 표적과 기사가 백성들 가운데 많이 나타나자 어떤 일이 일어났습니까?(12~14)

_____

_____

**6.** 병든 사람들이 베드로에게 많이 나왔는데, 그 치유의 현장을 말해 보십시오.(15~16)

_____

_____

### 말씀의 깨달음

**1.** 그리스도인은 사단의 속임수를 조심해야 합니다. 자기를 영적으로 더 성숙한 사람으로 보이게 하려는 거짓된 모습은 교회를 부패하게 만듭니다. 아나니아와 삽비라 부부의 죽음과, 이런 것들을 분별해 내는 베드로의 영적 능력을 통해 오늘날 교회에서 깨닫게 되는 영적 도전과 교훈을 말해 보십시오.(참고, 수 7:19~26; 행 20:29~30)

_____

**Tip** 욕심이 잉태하면 죄를 낳고 죄가 장성하면 사망을 낳습니다. 자기욕심이 강하면 결국 공동체는 파괴됩니다. 욕심을 부리는 사람은 영적 암과 같습니다. 아나니아와 삽비라는 진정한 나눔을 거절했습니다. 진실된 나눔이 아닌 형식적인 나눔을 경고한 예입니다. 아나니아 사건은 초대 교회를 든든히 세우기 위해 일어난 특별한 사건입니다.

2. 교회 부흥은 교회 내의 잘못된 요소를 제거하고 그것을 통해 성도들이 한마음이 되었을 때 일어납니다. 초대 교회 당시에는 사람들이 쉽게 교회에 오지 못했습니다. 그 이유는 무엇일까요? 그러나 그런 가운데서도 교회에 나오는 사람들은 점점 많아졌습니다. 이것이 오늘날 교회 성장과 부흥에 주는 교훈과 원리는 무엇인지 말해 보십시오.

Tip 초대 교회는 많은 어려움을 당했고 사회 속에서 오해를 받았습니다. 이상한 공동체로 오인 받아서 많이 핍박받았습니다. 그럼에도 교회가 성장한 것은 전적으로 성령의 역사였습니다. 아름다운 교회의 모습을 이루는 것이 곧 교회 성장의 비결이고 하나님이 역사하는 원리입니다.

3. 베드로를 통해 일어난 축사와 치유의 역사는 교회 성장과 복음 전파에 어떤 의미가 있습니까?

Tip 초대 교회를 성장하게 하는 요인 중에 하나는 교회를 교회되게 한 일입니다. 특히 사도들을 통해서 치유와 기적이 많이 일어났습니다. 이것은 교회가 다른 공동체와 다름을 보여준 것이고 인간의 모임이 아닌 하나님이 함께하는 공동체임을 드러내는 것이었습니다.

말씀의 실천

1. 오늘 깨달음과 도전을 주는 말씀은 무엇입니까?

2. 오늘 말씀을 통해 이번 주에 실천해야 할 사항은 무엇인지 삶의 적용을 위한 구체적인 실천계획과 함께 말해 보십시오.

_____

_____


3. 오늘 말씀을 통해 발견한 기도제목은 무엇입니까? 아울러 함께 기도의 시간을 가지십시오.

_____

_____

 내가 깨달은 영적 교훈과 삶의 적용

# SCENE 11
# 교회 외적인 문제

| 성경 본문 | 사도행전 5:17~42

복음에는 언제나 핍박이 따릅니다. 진리와 비진리의 싸움이기에 어둠은 빛을 싫어합니다. 때문에 핍박이 따르는 것입니다. 사도들의 성공과 인기는 사두개인들에게 자극을 주어 시기심을 갖게 했습니다. 사두개인의 시기심에도 불구하고 사도들은 굴복하지 않았습니다. 그리고 지도자들이 회개하면 하나님이 이스라엘을 다시 구원하실 거라고 선포했습니다. 사도들은 고난을 받고 갇히게 되었지만 좌절하지 않고 기뻐했습니다. 그들은 그리스도를 위하여 받는 고난이 특권이라고 생각하며 예수 그리스도에 대해서 계속 가르치면서 복음을 전했습니다.

**말씀의 살핌**

**1.** 교회의 부흥과 사도들의 기사와 이적을 보면서 교회 밖에서 시기하는 무리들이 생겼는데, 그들은 누구며 또 어떻게 방해했습니까?(17~18)

<br>

<br>

**2.** 사도들이 옥에 갇히자 하나님은 그들을 옥에서 끌어내셨는데, 그 이유는 무엇입니까?(19~20)

<br>

<br>

**3.** 대제사장들은 성전에서 백성을 담대히 가르치는 사도들을 잡아서 어떻게 위협했습니까?(21~28)

<br>

<br>

**4.** 베드로와 사도들은 복음을 가르치지 말라는 위협을 듣고 어떻게 했습니까?(29~32)

<br>

<br>

**5.** 사도들의 단호한 태도에 대제사장과 제사장들은 노하여 사도들을 죽이려고 했습니다. 이때 반대하며 나선 사람은 누구이며, 이 사람은 어떤 근거를 들어 반대했습니까?(33~37)

_____

_____

**6.** 가말리엘은 중립 입장을 취하면서 사도들을 보호하며 어떻게 설득했습니까?(38~39)

_____

_____

**7.** 결국 산헤드린 공회원은 가말리엘의 의견을 듣고 사도들을 죽이지 않았습니다. 대신 채찍질하여 그리스도의 이름으로 말하는 것을 금하고 내어주었는데, 이런 핍박과 고난을 당한 사도들은 어떤 태도를 보였습니까?(41~42)

_____

_____

말씀의
깨달음

**1.** 교회가 성장하고 발전하거나 복음의 역사가 일어나는 것에 대해서 세상은 반대하며 시기합니다. 왜 그럴까요? 그 일이 교회에 주는 유익은 무엇입니까?

_____

_____

**Tip** 교회는 핍박을 통해서 성장합니다. 빛이 어둠 속에서 더욱 빛나듯 진리는 비진리 속에서 더욱 드러납니다. 교회는 진리의 공동체이기에 당연히 세상이 미워하며 많이 핍박했습니다. 그것은 교회를 성장하게 하는 중요한 요인이었습니다. 신앙은 어려움을 당할 때 더욱 빛이 납니다.

**2.** 복음은 하나님의 뜻이 이루어지는 것을 의미합니다. 언제나 옥에서 구출되고 병 고침을 받으며 문제 해결을 받는 것으로만 생각하는 것은 복음이 아닙니다. 베드로와 다르게 야고보와 세례 요한은 옥에서 구출되지 않고 순교를 당하는 것으로 하나님께 영광을 돌렸습니다. 우리가 이해하고 있는 복음에 대해 정리해 보십시오.(참고, 행 12:1~3; 마 14:1~12)

_____

_____

**Tip** 하나님의 뜻은 인간의 생각과 다릅니다. 하나님의 일은 언제나 하나님의 영광이 드러나는 것에 초점이 맞춰 있습니다. 하나님의 영광은 모든 인간을 사랑하는 것에 초점이 맞춰 있습니다. 나의 유익이 아닌 하나님의 유익을 위한 것이 신앙입니다. 신앙생활에는 고난과 어려움이 필연적으로 따라옵니다. 나를 위한 복음이 되면 값싼 복음이 되고 하나님을 위한 것이 되면 귀한 복음이 됩니다.

**3.** 사도들은 극심한 고난과 박해와 죽음의 위협을 당하면서도 변함없이 복음 전하는 일에 대해 소신을 굽히지 않았습니다. 오히려 그 고난당함을 즐거워하며 더욱 열심히 복음을 전했습니다. 사도들이 이렇게 담대하게 사도의 사명을 감당한 중요한 요인은 무엇입니까?(참고, 히 11:16)

말씀의
실천

1. 오늘 깨달음과 도전을 주는 말씀은 무엇입니까?

2. 오늘 말씀을 통해 이번 주에 실천해야 할 사항은 무엇인지 삶의 적용을 위한 구체적인 실천계획과 함께 말해 보십시오.

3. 오늘 말씀을 통해 발견한 기도제목은 무엇입니까? 아울러 함께 기도의 시간을 가지십시오.

내가 깨달은 영적 교훈과 삶의 적용

# SCENE 12

# 최초의 동역자들

| 성경 본문 | 사도행전 6:1~15

교회가 부흥하면서 점차 일이 많아졌고 자연스럽게 사역의 분담에 대한 문제가 제기되었습니다. 구제하는 일을 담당하는 사람을 교회 공동체 속에 두게 되었습니다. 하나님의 일은 혼자 하는 것이 아니라 함께해야 하는 것입니다. 초대 교회는 결국 다른 동역자들이 필요하게 되었고, 사도들을 돕는 충성된 집사들이 선출되었습니다. 그 중에서 '면류관' 이란 뜻을 가진 스데반은 성령 충만한 그리스도인으로서 초대 교회의 모범이 될 만한 대표적인 사람이었습니다.

말씀의
살핌

**1.** 초대 교회는 놀랍게 부흥했습니다. 초대 교회 성장과정과 특징을 말해 보십시오.(6:1~4)(참고, 행 2:41, 47)

_____

_____

**2.** 교회가 성장하고 부흥하면서 발생하는 문제는 무엇입니까?(1)

_____

_____

**3.** 사도들은 문제의 해결책으로 무엇을 제시했습니까?(2~4)

_____

_____

**4.** 사도들의 제안을 듣고 성도들은 어떻게 실천했으며 사도들은 어떻게 동의했습니까?(5~6)

_____

_____

**5.** 선택된 일곱 사람 중의 한 사람인 스데반에 대해 말해 보십시오.(8, 10)

_____

_____

**6.** 각 사람들이 회당에서 스데반과 변론했으나 그 결과는 어떠했습니까?(9~10)

_____

_____

**7.** 스데반은 복음 전하는 일 때문에 어떤 모함을 당했습니까?(11~13)

_____

_____

**8.** 스데반이 전한 복음의 내용은 무엇인지 바르게 정리해 보십시오.(14)(참고, 요 2:19~21)

_____

_____

**9.** 공회 중에 앉은 스데반의 얼굴은 어떠했습니까?(15)

_____

_____

말씀의
깨달음

**1.** 초대 교회의 성장과 부흥의 비결은 무엇입니까?(참고, 행 5:41~42)

(날마다, 하나님의 집에서, 이집 저집, 모든 회원들이, 쉬지 않고, 말씀을 전하고 가르침, 그리스도를 높임, 공동체 성장)

---

---

Tip 날마다 모이고 쉬지 않고 기도하면서 말씀에 충실할 때 주님의 영광은 드러나고 교회는 성장했습니다. 예수님을 중심한 생명공동체를 만들기 위해 힘쓴다면 교회는 자연히 성장하게 됩니다.

**2.** 목회자에게 있어서 기도와 말씀이 목회의 핵심입니다. 성경을 통해서 그것을 확인해 보고 그 이유에 대해 말해 보십시오. 이것이 오늘날 목회자에게서 점차 약해지는 이유는 무엇입니까?(참고, 요 15:7; 잠 28:9; 삼상 12:23; 막 1:35~39; 골 1:9~10; 엡 6:17~18; 행 20:32~36)

---

---

Tip 말씀과 기도는 사역의 가장 중요한 핵심입니다. 말씀과 기도는 동전의 양면과도 같습니다. 어느 하나를 소홀히 할 수 없습니다. 말씀은 기도로 말씀이 되고, 기도는 말씀으로 기도가 됩니다. 영적인 공동체인 교회는 오직 영적인 것, 즉 말씀과 기도로 자라야 합니다.

**3.** 바람직한 팀 사역의 원리와 건강한 교회의 모습을 정리해 보십시오.

---

---

Tip 교회는 몸이기에 팀으로 사역해야 합니다. 건강한 몸일수록 팀워크가 잘 이루어집니다.

**4.** 교회 직분자를 선택하는 과정에서 발견되는 영적 교훈을 말해 보십시오.

_____

_____

**Tip** 교회 직분자는 몸된 교회를 위해 섬기는 사람입니다. 지배하는 사람이 아닌 섬기는 사람입니다. 주님을 잘 이해하고 주님을 높이는 사람이 직분자가 되어야 합니다.

**5.** 사람들이 스데반을 고발하고 모함했는데 주님이 당한 고난과 그의 고난의 공통점을 말해 보십시오.(참고, 막 14:58~64)

_____

_____

**Tip** 예수님을 십자가에 못 박을 때 유대인들은 거짓 증인을 세우고 모함하여 죽였습니다. 스데반도 동일했습니다. 예수님의 제자들도 동일하게 고난을 당했습니다. 그의 뒤를 따르는 우리에게도 같은 원리가 적용됩니다. 고난 가운데서도 우리가 스데반처럼 당당한 믿음을 가진다면 얼마나 좋을까요?

말씀의 실천

**1.** 오늘 깨달음과 도전을 주는 말씀은 무엇입니까?

_____

_____

**2.** 오늘 말씀을 통해 이번 주에 실천해야 할 사항은 무엇인지 삶의 적용을 위한 구체적인 실천계획과 함께 말해 보십시오.

---

---

**3.** 오늘 말씀을 통해 발견한 기도제목은 무엇입니까? 아울러 함께 기도의 시간을 가지십시오.

---

---

 내가 깨달은 영적 교훈과 삶의 적용

## SCENE 13

# 스데반의 설교와
# 첫 순교자

| 성경 본문 | 사도행전 7:1~60

본문은 스데반의 설교문으로서 사도행전에서 가장 중요한 설교입니다. 이스라엘 역사의 전환점을 이루고 있는 부분으로 이스라엘 역사를 회고하면서 하나님께서 선택한 지도자를 이스라엘 백성이 어떻게 거절했는지를 역사적인 사실을 들어서 명확하게 정리하고 있습니다. 이런 점에서 위대한 설교문입니다. 이것은 이스라엘 백성이 그리스도를 취급한 방법이기도 합니다. 이스라엘의 조상인 아브라함에서 출애굽 직전까지의 역사를 요약하고, 이스라엘이 우월해서가 아니라 하나님이 특별히 그들을 돌보셨기에 선민이 되었음을 말하고 있습니다.

말씀의
살핌

**1.** 스데반의 설교는 크게 다섯 가지 내용을 다루고 있습니다. 간단하게 전체 설교의 개요를 말해 보십시오.

1) 아브라함과 맺은 하나님의 언약(1~8)

2) 이스라엘이 요셉을 거부함(9~16)

3) 이스라엘이 모세를 거부함(17~41)

4) 이스라엘이 선지자들을 거절함(42~50)

5) 강팍한 이스라엘의 회개 촉구(51~53)

**2.** 아브라함을 통해 주시고자 했던 이스라엘의 약속은 무엇입니까?(1~5)

**3.** 요셉은 그리스도를 상징하는데, 모든 형제들이 요셉을 거절했습니다. 그러나 언제 요셉이 드러났습니까?(13)

4. 그리스도를 상징하는 모세에 대해 백성은 어떤 반응을 보였습니까? 거절하는 과정을 말해 보십시오.(17~41)

_____

_____


5. 하나님은 사람이 지은 집이 아니라 어디에 거하십니까?(47~50)

_____


6. 하나님을 거부하는 이스라엘 백성의 모습과 영적 상태를 말해 보십시오.(51~53)

_____

_____


7. 스데반의 설교를 듣고 사람들은 어떤 반응을 보였습니까?(54~59)

_____

_____


8. 스데반은 핍박과 고난에 대해 어떤 자세를 취하고 있습니까?(55~60)

_____

_____


9. 죽어가면서 스데반이 기도한 내용은 무엇인지 말해 보십시오.(60)

_____

_____

말씀의
깨달음

**1.** 왜 스데반이 구약의 전체적인 내용을 길게 설교에 인용하고 있습니까? 이것이 이스라엘 백성에게 어떤 효과를 주었습니까?

_____

**Tip** 스데반의 설교는 성경에 근거한 설교였습니다. 인간적인 사상이나 생각이 들어간 것이 아니라 전적으로 성경에 의한 설교였습니다. 여기에는 하나님의 뜻을 전하려는 스데반의 마음이 담겨 있습니다. 그것이 결국 스데반을 죽음에 이르게 했습니다. 그는 유대인들이 잘 아는 내용을 가지고 성경의 정확한 의미를 드러내는 데 초점을 맞추었습니다. 바로 그리스도에 대한 내용입니다.

**2.** 스데반의 설교를 듣고 마음에 찔리는 것은 성령의 역사입니다. 그럼에도 그들은 악하게 반응하여 무서운 일을 저질렀습니다. 이것을 통해 느끼는 점을 말해 보십시오.(참고, 행 2:37)

_____

**Tip** 성경에 있는 그대로를 전하자 사람들의 마음에 변화가 일어났습니다. 그러나 그것이 회개로 이어지지 않고 죄를 저지르는 모습으로 나타났습니다. 베드로가 설교할 때 3천 명이 회개하는 역사가 일어났던 것과 대조적입니다. 말씀은 다양한 반응으로 나타납니다. 우리가 어떻게 반응하느냐가 중요합니다.

**3.** 스데반의 죽음을 잠들었다고 표현한 의도를 말해 보십시오.(참고, 눅 8:52; 고전 15:51~52)

_____

**Tip** 스데반은 천국에 갔습니다. 죽었지만 죽은 것이 아닙니다. 잠시 잠을 자는 것과 같습니다. 부활의 날이 기다리고 있습니다. 그런 의미에서 죽은 것이 아니라 자는 것입니다. 우리 그리스도인의 죽음은 모두 이와 같습니다.

## 말씀의 실천

**1.** 오늘 깨달음과 도전을 주는 말씀은 무엇입니까?

_____

_____

**2.** 오늘 말씀을 통해 이번 주에 실천해야 할 사항은 무엇인지 삶의 적용을 위한 구체적인 실천계획과 함께 말해 보십시오.

_____

_____

**3.** 오늘 말씀을 통해 발견한 기도제목은 무엇입니까? 아울러 함께 기도의 시간을 가지십시오.

_____

_____

 내가 깨달은 영적 교훈과 삶의 적용

_____

_____

_____

_____

# 사마리아에서 복음 전파

| 성경 본문 | 사도행전 8:1~25

스데반의 죽음과 그리스도인에 대한 핍박은 성도들을 흩어지게 하는 계기가 되었습니다. 이로 인하여 이방선교의 싹이 텄고 선교의 중심지가 예루살렘에서 안디옥으로 옮겨갔습니다. 본문은 이방선교의 예로 사마리아 전도를 하는 빌립의 이야기를 소개하고 있습니다. 마술사 시몬, 베드로와 요한의 사마리아 방문 등은 모두 이방선교에 대한 이야기입니다. 사마리아 지역은 유대인들에게 멸시의 대상이 되었기에 사마리아 전도는 특기할 만합니다. 어떻게 이방지역에서 하나님의 복음이 전해지며 역사가 일어나는지를 구체적으로 그리고 있습니다.

말씀의
살핌

**1.** 사울은 스데반의 죽음을 어떻게 받아들였습니까?(7:58, 8:1)

_____

_____

**2.** 예루살렘의 교회에 핍박이 있자 성도들에게 어떤 변화가 나타났습니까?(2)

_____

_____

**3.** 이때 사울은 교회를 어떻게 핍박했습니까?(3)

_____

_____

**4.** 흩어진 성도들은 무엇을 했으며, 사마리아 성에 있는 빌립은 어떻게 복음을 전했는지 말해 보십시오.(4~8)

_____

_____

**5.** 시몬은 어떤 사람이며, 사람들은 어떤 이유에서 그를 청종했습니까?(9~11)

_____

_____

**6.** 빌립이 전도한 방법과 과정을 말해 보십시오. (12~13)

_____

_____

**7.** 사마리아 성에 성령이 임한 과정을 말해 보십시오. (14~17)

_____

_____

**8.** 시몬은 사도들이 안수하여 성령이 임하는 것을 보고 어떻게 했습니까? (18~19)

_____

_____

**9.** 베드로는 시몬을 어떻게 책망하며 해결책을 제시했습니까? (20~24)

_____

_____

## 말씀의 깨달음

**1.** 스데반의 죽음은 교회를 향한 박해로 이어졌고 이 결과로 교회가 흩어져 결국은 사마리아와 땅 끝까지 복음을 전파하는 계기를 만들었습니다. 박해는 오히려 사마리아 성에 큰 기쁨을 주는 요인이 되었습니다. 이것을 통해 발견되는 박해와 복음전도의 관계에 대해 말해 보십시오.

2. 시몬은 사단의 모조품과 같은 사람입니다. 그의 문제점은 무엇이며 이것은 오늘날 우리에게 어떤 양상으로 나타납니까? 물질과 관련하여 생각해 보십시오.

3. 성령의 능력을 인간의 노력으로 얻을 수 없는 이유는 무엇입니까? 우리는 어떤 경우에 하나님의 일을 인간의 힘으로 하려고 합니까?

## 말씀의 실천

**1.** 오늘 깨달음과 도전을 주는 말씀은 무엇입니까?

_____

_____

**2.** 오늘 말씀을 통해 이번 주에 실천해야 할 사항은 무엇인지 삶의 적용을 위한 구체적인 실천계획과 함께 말해 보십시오.

_____

_____

**3.** 오늘 말씀을 통해 발견한 기도제목은 무엇입니까? 아울러 함께 기도의 시간을 가지십시오.

_____

_____

 내가 깨달은 영적 교훈과 삶의 적용

_____

_____

_____

_____

# 개인 전도

| 성경 본문 | **사도행전 8:26~40**

본문은 이방 선교가 예루살렘과 유대와 사마리아와 이방 지역에까지 확장해 나가는 과정을 말하고 있습니다. 성령께서는 에티오피아 내시와 빌립을 의도적으로 만나게 하심으로 그가 복음을 받아들이고 개종하게 하셨습니다. 이는 이방 선교가 하나님의 뜻이라는 것을 알려주는 사건입니다. "믿음은 들음에서 나며 들음은 그리스도의 말씀으로 말미암았느니라"(롬 10:17)는 말씀처럼 빌립은 성경말씀을 내시에게 전해 주었고 내시는 하나님의 말씀에 순종하고 세례를 받으면서 회심하게 됩니다. 빌립은 여러 성을 다니며 계속 그리스도를 전파하였습니다. 곳곳에 복음의 전파가 이루어졌습니다.

말씀의
살핌

**1.** 빌립은 누구의 지시를 받고 어디로 갔습니까?(26)

**2.** 빌립은 광야길에서 누구를 만났으며 그때 그는 무엇을 하고 있었습니까?(27~28)

**3.** 빌립이 내시에게 복음을 전한 과정을 말해 보십시오. (29~36)

1) 전도의 주체

2) 전도의 준비

3) 전도의 도구

4) 전도의 내용

5) 전도의 결신

4. 내시에게 세례를 준 후에 빌립은 어떻게 되었습니까?(38~39)

_____

_____

5. 빌립은 어떤 삶을 살았습니까?(40)

_____

_____

말씀의
깨달음

1. 성령은 증거의 영입니다. 전도의 과정에서 성령님이 어떻게 개입하
시는지 구체적인 예를 들어서 설명해 보십시오. 아울러 말씀과 성령의
관계에 대해 말해 보십시오. (참고, 행 1:8; 요 15:26~27, 16:13~15)

_____

**Tip** 성령을 받으면 증인으로 살게 됩니다. 성령이 임하면 말씀을 전하면서 말씀에 사로
잡히게 됩니다. 성령과 말씀은 하나입니다. 서로 분리할 수 없습니다. 성령은 진리
의 영이요 말씀의 영입니다.

2. 모든 그리스도인은 개인 전도에 익숙해야 합니다. 전도를 위해 우리
가 갖추어야 할 훈련과 자질을 말해 보십시오.

_____

_____

**Tip** 전도는 복음을 전하는 일입니다. 이것을 위해서 먼저 자신이 복음에 사로잡히고 복음을 전할 영혼을 사랑해야 합니다. 그러면 무엇을 어떻게 해야 할지 방법이 생각날 것입니다. 말씀을 전하는 일이기에 무엇보다도 말씀에 충실해야 좋은 전도자가 될 수 있습니다.

**3.** 전도는 준비된 전도자와 준비된 한 영혼과의 만남입니다. 이런 만남은 구체적으로 영혼을 전도하는 결과로 이어지는데, 이것을 통해 발견되는 전도에 대한 교훈과 도전을 말해 보십시오.

**Tip** 전도는 인격을 만나는 것입니다. 그래서 사람과의 만남은 소중합니다. 사람과의 만남은 인간적인 즐거움보다는 영혼 구원에 더 중요한 목적이 있습니다. 평소에 잘 준비하여 주님을 소개할 수 있다면 얼마나 좋을까요?

**4.** 개인 전도는 말씀을 전하고 그리스도를 높이는 것입니다. 말씀은 전도할 때 대단히 중요한 능력의 원천입니다. 왜 전도에 있어서 말씀의 준비가 중요한지 그 이유를 말해 보십시오.(참고, 요 5:24; 딤후 4:1~5)

**Tip** 언제 어떻게 전도대상자를 만날지 모릅니다. 평소에 준비를 해두어야 하나님의 도구로 사용될 수 있습니다. 무엇보다도 말씀을 가르칠 때 놀라운 역사가 일어납니다. 이것이 말씀의 힘입니다. 세례까지 이어지는 빌립의 전도가 좋은 예입니다.

## 말씀의 실천

1. 오늘 깨달음과 도전을 주는 말씀은 무엇입니까?

_____

_____

2. 오늘 말씀을 통해 이번 주에 실천해야 할 사항은 무엇인지 삶의 적용을 위한 구체적인 실천계획과 함께 말해 보십시오.

_____

_____

3. 오늘 말씀을 통해 발견한 기도제목은 무엇입니까? 아울러 함께 기도의 시간을 가지십시오.

_____

_____

 내가 깨달은 영적 교훈과 삶의 적용

_____

_____

_____

_____

# 사울의 회심

| 성경 본문 | 사도행전 9:1~22

이방 선교가 이제 본격적으로 뻗어나가는데 그것의 주체가 바울입니다. 본문은 바울을 소개하면서 그의 회심과 선교적 사명을 그리고 있습니다. 바울을 향한 하나님의 뜻은 이방으로의 복음 확산입니다. 하나님은 교회를 핍박했던 바울을 회심시켜 아나니아를 만나게 하고, 바울을 훈련시켜 결국은 이방 선교의 핵심인물로 사용하십니다. 로마 시민권을 가진 이방인이자 유대인이었던 바울은 이방 선교를 하기에 적합한 배경을 가지고 있었고 그것을 하나님은 효과적으로 사용하신 것입니다.

**1.** 사울이 다메섹 여러 회당에 갈 공문을 청한 이유는 무엇입니까?(1~2)

_____

_____

**2.** 사울이 다메섹으로 가까이 가다가 어떤 일을 체험했습니까?(3~8)

_____

_____

**3.** 사울은 사람들의 손에 이끌려 다메섹으로 가서 어떻게 지냈습니까?(9)

_____

_____

**4.** 하나님은 다메섹에 있는 아나니아 선지자를 불러서 어떤 사명을 주셨습니까?(10~11)

_____

_____

**5.** 그때 사울은 무엇을 하고 있었으며 그는 기도 중에 무엇을 보았다고 고백하고 있습니까?(11~12)

_____

_____

6. 아나니아가 주님께 의문을 제기한 내용은 무엇인지 말해 보십시오.(13~14)

_____

_____

7. 하나님이 사울을 특별히 택한 이유는 무엇입니까?(15~16)

_____

_____

8. 아나니아는 주님의 명령대로 사울에게 어떻게 했습니까? 사울에게 나타난 놀라운 변화를 말해 보십시오.(17~22)

_____

_____

말씀의
깨달음

1. 하나님과의 만남은 모든 것을 변화시킵니다. 사울을 한순간에 굴복시키고 회심케 하는 하나님의 방법을 통해 특별히 느낀 점을 말해 보십시오.

_____

_____

**2.** 부름은 전적으로 하나님의 뜻에 따라 이루어집니다. 왜 하나님은 사울을 선택하셨습니까? 또 이방인이 사도로 부름을 받은 이유는 무엇입니까?

_____

_____

**3.** 주님을 만난 후 사울은 이전과 전혀 다르게 변화되었는데 구체적으로 어떤 변화인지 말해 보십시오. 그것이 주는 영적 교훈은 무엇입니까?

_____

_____

말씀의
실천

**1.** 오늘 깨달음과 도전을 주는 말씀은 무엇입니까?

_____

_____

**2.** 오늘 말씀을 통해 이번 주에 실천해야 할 사항은 무엇인지 삶의 적용을 위한 구체적인 실천계획과 함께 말해 보십시오.

_____

_____

**3.** 오늘 말씀을 통해 발견한 기도제목은 무엇입니까? 아울러 함께 기도의 시간을 가지십시오.

_____

_____

 내가 깨달은 영적 교훈과 삶의 적용

_____

_____

_____

# SCENE 17
# 복음 증거와 역사

| 성경 본문 | 사도행전 9:23~43

교회의 핍박자인 바울을 교회의 일꾼으로 인정하는 것은
쉬운 일이 아니었습니다. 이것을 위해 하나님은 바나바를
통하여 바울을 돕게 했습니다. 예루살렘 교회와의 관계를
바나바가 잘 조정하면서 바울의 사역에 동역했습니다. 박
해가 심해져 바울은 고향인 다소로 돌아갔고 거기서도 복
음사역은 계속되었습니다. 복음을 전한다는 것이 결코 쉽
지 않습니다. 고난과 핍박은 외적인 것보다 오히려 내적
인 것이 더 힘듭니다. 외적인 사역을 하기 전에 내적인 문
제를 해결해 나가는 과정이 복음에 있어서 더 힘든 것임을
본문을 통해 발견할 수 있습니다.

말씀의
살핌

**1.** 주님을 만난 사울에게 어떤 어려움이 닥쳤습니까?(23~25)

_____

_____

**2.** 사울이 예루살렘에 가서 한 일은 무엇입니까? 그것을 중재한 사람은 누구입니까?(26~28)

_____

_____

**3.** 사울이 예루살렘에서 복음을 담대히 증거하자 어떤 일이 생겼습니까? 그것을 본 형제들은 사울을 어떻게 했습니까?(29~30)

_____

_____

**4.** 복음이 활발하게 전파되면서 유대와 갈릴리와 사마리아 교회는 어떻게 되었습니까?(31)

_____

_____

**5.** 베드로가 룻다에서 행한 기적의 내용과 결과를 말해 보십시오.(32~35)

_____

_____

6. 욥바에 있는 베드로의 여제자 다비다에게 어떤 일이 일어났습니까?(36~37)

_____

_____

7. 베드로가 죽은 다비다를 어떻게 살렸는지 그 과정을 말해 보십시오.(38~40)

_____

_____

8. 베드로가 이런 기적을 베풀면서 욥바에는 어떤 일이 일어났습니까?(41~43)

_____

_____

말씀의
깨달음

1. 복음과 고난의 관계를 말해 보십시오. 왜 복음 전파에는 고난이 따르는지 그 이유를 말해 보십시오. 이것이 주는 영적 교훈은 무엇입니까?(참고, 딤후 3:12)

_____

_____

**2.** 교회가 부흥하고 성장하는 것은 언제나 죽음을 각오하고 복음을 담대히 전하는 순교적인 사명을 감당하는 사람들이 있었기 때문입니다. 교회가 성장하고 발전하는 데 가장 중요한 요소를 말해 보십시오.(참고, 롬 5:19)

---

---

**3.** 베드로가 두 가지 이적을 행한 것은 모두 복음 전파와 관계가 있습니다. 그것을 통하여 복음을 믿게 하기 위한 것입니다. 기적과 치유가 복음과 관계를 꼭 맺어야 하는 이유를 말해 보십시오.

---

---

**말씀의 실천**

1. 오늘 깨달음과 도전을 주는 말씀은 무엇입니까?

2. 오늘 말씀을 통해 이번 주에 실천해야 할 사항은 무엇인지 삶의 적용을 위한 구체적인 실천계획과 함께 말해 보십시오.

3. 오늘 말씀을 통해 발견한 기도제목은 무엇입니까? 아울러 함께 기도의 시간을 가지십시오.

 내가 깨달은 영적 교훈과 삶의 적용

# SCENE 18
# 성령의 준비하심

| 성경 본문 | **사도행전 10:1~23**

이 장은 사도행전 전체의 중요한 분기점이 되는 중요한 장
으로 이방인에게 복음의 문이 열리는 일을 기록하고 있습
니다. 아울러 베드로의 역할이 사라지고 바울이 등장하면
서 복음 전파의 바통 터치가 이루어지고 있습니다. 이방
선교를 위해 하나님은 외적으로는 미리 고넬료를 준비시
켰고 내적으로는 베드로를 준비시켜서 바울을 돕게 했습
니다. 고넬료 사건은 베드로가 이방 선교에 눈을 뜨게 하
는 좋은 계기가 되었습니다. 이것은 후에 바울을 돕는 것
과 관계가 있습니다.

말씀의 살핌

**1.** 가이사랴(로마의 도시로 팔레스틴 지역의 수도)에 사는 고넬료라는 사람에 대해 정리해 보십시오. (1~2)

 

**2.** 하나님께 상달된 것은 무엇이며, 이것이 주는 의미는 무엇입니까? (3~4)

 

**3.** 천사가 고넬료에게 명한 내용은 무엇이며, 고넬료는 이에 대해 어떻게 응답했습니까? (5~8)

 

**4.** 베드로가 기도할 때 어떤 환상을 보았습니까? (9~13)

 

**5.** 베드로는 하나님의 요구에 대해 어떻게 반응했습니까? (14)

6. 하나님께 책망받은 말씀은 무엇이며 결국 어떻게 되었습니까?(15~16)

_____

_____

7. 베드로가 의심하고 있을 때 어떤 일이 일어났습니까?(17~18)

_____

_____

8. 베드로가 환상에 대해서 생각할 때 성령께서 하신 말씀은 무엇입니까?(19~20)

_____

_____

9. 베드로와 고넬료가 보낸 두 사람과의 만남에 대해 말해 보십시오.(21~23)

_____

_____

말씀의 깨달음

**1.** 고넬료나 베드로 모두 기도하는 중에 하나님의 영이 임했습니다. 기도생활이 우리에게 주는 영적 의미를 말해 보십시오.

_____

_____

**Tip** 기도는 하나님과의 교제입니다. 하나님과의 만남을 통하여 우리는 하나님의 영을 부여받습니다. 이것은 생각이나 행동에 영향을 줍니다. 기도는 하나님의 도움으로 모든 일을 한다는 뜻입니다. 하나님의 영이 임한 것은 전적으로 하나님의 인도하심을 받는 것을 의미합니다.

**2.** 천사들이 고넬료에게 직접 말하지 않고 베드로를 초청하여 복음을 듣게 한 이유는 무엇입니까?

_____

_____

**Tip** 하나님은 언제나 사람을 통하여 하나님의 말씀을 전하게 하십니다. 천사는 인간을 수종하기 위해서 만든 하나님의 종입니다. 하나님이 얼마나 사람을 존귀하게 생각하는지 알 수 있습니다.

**3.** 성령의 역사가 쌍방에서 일어나는 이유는 무엇입니까?(참고, 고전 12:13)

_____

_____

**Tip** 성령은 인격적인 영입니다. 어느 한 사람에게 성령의 역사가 임했다면 다른 사람에게도 같은 성령의 역사가 임할 것입니다. 우리는 한 성령을 받았고 그리스도 안에서 하나입니다. 당연히 성령의 역사는 함께 나타나야 합니다.

**4.** 하나님은 이방인에게 복음을 전하기 위하여 고넬료를 믿음으로 준비시켰습니다. 고넬료가 보낸 두 사람이 베드로의 집에 도착하기 전에 아직 성숙되지 못한 베드로를 영적으로 미리 준비시키십니다. 이것을 통해 성령의 역사하심에 대해서 느끼는 점은 무엇입니까?

**Tip** 성령님은 모든 것을 알고 있습니다. 과거뿐 아니라 현재와 미래까지 알고 있습니다. 성령의 역사하심과 준비는 오묘하고 놀랍습니다. 성령님은 그냥 일하시지 않고 철저히 준비하면서 일하십니다. 성령의 역사는 지금은 잘 모르지만 나중에는 그것이 정확히 해석됩니다.

말씀의
실천

**1.** 오늘 깨달음과 도전을 주는 말씀은 무엇입니까?

**2.** 오늘 말씀을 통해 이번 주에 실천해야 할 사항은 무엇인지 삶의 적용을 위한 구체적인 실천계획과 함께 말해 보십시오.

3. 오늘 말씀을 통해 발견한 기도제목은 무엇입니까? 아울러 함께 기도의 시간을 가지십시오.

 내가 깨달은 영적 교훈과 삶의 적용

## SCENE 19

# 말씀에 순종한 사람들의 역사

| 성경 본문 | 사도행전 10:24~48

베드로는 하나님께서 새로운 프로그램인 이방 선교를 통하여 교회의 역사를 이루고 계심을 배우게 됩니다. 베드로는 하나님의 말씀에 순종하면서 하나님의 새로운 프로그램을 받아들이게 됩니다. 베드로가 예수님을 증거할 때 성령께서 이방인에게 내려오셨고, 그들도 성령을 받게 되며 그 증거로 방언을 하게 됩니다. 고넬료와 대면하는 것조차 꺼려했던 베드로가 변화되어 적극적으로 고넬료에게 복음을 전했습니다. 구원은 행위가 아닌 오직 믿음으로 받는다는 사실을 베드로 자신이 직접 체험하고, 또 다른 사람에게도 전하게 됩니다. 이것은 이방 전도에 대한 확신을 심어 주는 계기가 되고 후에 사도들 앞에서 이방인도 구원을 받을 수 있다는 것을 증거하는 근거가 됩니다.

**1.** 베드로가 고넬료 집에 들어서자 그는 어떻게 베드로를 맞이했습니까?(24~25)

_____

_____

**2.** 베드로는 고넬료가 엎드리는 행동을 보고 어떻게 했습니까?(26~27)

_____

_____

**3.** 베드로는 유대인으로서 이방인과 교제하는 문제에 대해 어떻게 믿음으로 소화했습니까?(28~29)

_____

_____

**4.** 고넬료가 베드로를 초청하게 된 이유에 대해 어떻게 밝히고 있습니까?(30~32)

_____

_____

**5.** 고넬료는 많은 사람들을 왜 불렀습니까? 이들이 말씀을 듣는 자세에 대해 말해 보십시오.(33)

_____

_____

6. 베드로가 입을 열어서 전한 하나님의 말씀을 정리해 보십시오.(34~43)

1) 하나님의 사람에 대한 관심

_____

2) 예수님이 이 세상에 오셔서 하신 일과 그것을 가능하게 한 이유

_____

3) 예수님에 대한 유대인들의 태도

_____

4) 하나님이 예수님을 통해서 하신 일

_____

5) 베드로와 복음 전도자들의 역할

_____

6) 복음의 핵심적인 내용

_____


7. 베드로가 전하는 말씀에 성령이 개입하셔서 복음을 듣는 사람들에게 어떤 역사가 일어났습니까?(44~46)

_____

_____


8. 이방인에게 나타난 신비로운 성령의 역사를 보고 베드로와 함께 온 할례 받은 사람들은 어떤 반응을 보였습니까?(45)

_____

_____

**9.** 베드로는 성령 받은 이방인들에게 무엇을 행했습니까? (47~48)

_____

_____

**1.** 베드로의 말씀을 사모하며 전적으로 순종하는 고넬료와 이방인들의
모습을 통하여 느끼는 점을 말해 보십시오.

_____

**Tip** 로마 시민이라는 지위를 가진 사람이 식민지 유대인인 베드로에게 순종하고 사모하
며 적극 따르는 것은 전적으로 성령의 역사입니다. 인간의 힘으로는 불가능한 일입
니다. 성령이 역사하시면 인간의 생각을 초월하는 일이 벌어집니다.

**2.** 잘 이해되지 않아도 베드로는 전통을 거부하면서까지 성령에 전적
으로 순종했습니다. 하나님의 부름에 사양하지 않는 복음 사역자가 되
기 위해서 우리가 훈련해야 할 일은 무엇입니까?

_____

**Tip** 인간의 생각과 경험은 한계가 있습니다. 지금은 당장 이해가 안 되어도 성령께서 하
시는 그 일에 순종하면서 따라가는 것이 지혜입니다. 성령의 측량할 수 없는 오묘함
에 우리는 순종하고 따라야 합니다.

3. 베드로가 복음을 전하자 말씀을 통하여 놀라운 성령의 역사가 일어났습니다. 이렇게 성령 받고 성령의 은사들이 나타난 것을 성경적으로 정리해 보십시오.(참고, 행 2:38, 8:14~17)

_____

_____

**Tip** 성령의 역사는 언제나 말씀을 통하여 나타났습니다. 성령은 진리의 영입니다. 말씀이 있을 때 성령의 역사도 일어납니다. 성령은 인간을 드러내는 것이 아닌 말씀을 드러내기 위한 진리의 영입니다.

말씀의
실천

1. 오늘 깨달음과 도전을 주는 말씀은 무엇입니까?

_____

_____

2. 오늘 말씀을 통해 이번 주에 실천해야 할 사항은 무엇인지 삶의 적용을 위한 구체적인 실천계획과 함께 말해 보십시오.

_____

_____

3. 오늘 말씀을 통해 발견한 기도제목은 무엇입니까? 아울러 함께 기도의 시간을 가지십시오.

_____

_____

# 예루살렘 교회와 안디옥 교회의 교제

| 성경 본문 | 사도행전 11:1~30

이방인과의 교제에 대한 베드로의 해명을 통하여 그동안 종교적인 특권 의식에 사로잡혔던 유대인들의 폐쇄성이 깨졌습니다. 유대인의 교회가 세계 교회로 확장하는 결정적 계기가 되었습니다. 사도들도 점차 이것이 하나님이 원하시는 하나님 나라 선교임을 인식하게 됩니다. 후반부에 소개되는 안디옥 선교는 이방인 교회의 영적 반석이라는 중요한 의미가 있습니다. '그리스도인'이라는 호칭이 안디옥에서 주어지는 것은 의미 있는 일입니다. 특히 안디옥 교회가 모교회인 예루살렘 교회를 향해 헌금을 하면서 나눔을 실천합니다. 이것은 유대인 교회와 이방인 교회의 연합을 상징적으로 보여주는 것입니다.

말씀의
살핌

**1**. 베드로가 예루살렘에 올라갔을 때 유대인들에게 비난받은 내용은 무엇입니까?(1~3)

_____

_____

**2**. 베드로는 자기가 이방인들과 함께한 것에 대해서 어떻게 설명했습니까?(4~16)

1) 개인적인 체험(5~11)

_____

2) 성령의 인도하심(12)

_____

3) 하나님의 말씀(16)

_____

**3**. 이방인에게 임한 성령에 대해서 말해 보십시오.(17)

_____

_____

**4**. 예루살렘 교회의 유대인들은 베드로가 증언한 내용을 듣고 어떻게 반응했습니까?(18)

_____

_____

5. 스데반의 일로 일어난 핍박으로 말미암아 흩어진 유대인들은 어디서 누구에게 복음을 전했습니까?(19)

_____

_____

6. 안디옥에서 복음 전파는 어떻게 일어났습니까?(20~21)

_____

_____

7. 안디옥에서 복음이 전파됨으로 구원의 역사가 일어났다는 소식을 듣고 예루살렘 교회가 취한 행동은 무엇입니까?(22)

_____

_____

8. 바나바는 누구이며 그가 사울과 함께 한 일은 무엇입니까? 그로 인해 나타난 안디옥의 복음의 역사를 말해 보십시오.(23~26)

_____

_____

9. 아가보 선지자가 전한 예언은 무엇입니까? 그 일로 인하여 안디옥의 제자들이 예루살렘에게 행한 일은 무엇입니까?(27~30)

_____

_____

말씀의
깨달음

**1.** 사람의 선입견과 하나님의 목적은 서로 다른 점이 있습니다. 사람의 고정관념과 하나님의 생각의 특징에 대해 말해 보십시오. 우리의 신앙도 이처럼 자칫 고정관념으로 자리 잡기 쉬운데, 어떤 점에서 그런지 말해 보고 그것을 극복하는 방법에 대해서도 생각해 보십시오.

**2.** 하나님의 뜻을 알려면 베드로처럼 적어도 세 가지 과정을 거쳐야 합니다. 곧 개인적인 체험(환경), 성령의 인도하심, 하나님의 말씀으로 입증이 되어야 합니다. 왜 이 세 가지가 함께 충족되어야 하는지 말해 보십시오.

**3.** 모교회인 예루살렘 교회와 이방 선교지인 안디옥 교회가 나눈 복음의 교제(선교사 파송, 헌금으로 지원)를 통하여 발견되는 영적 의미를 말해 보십시오.

**Tip** 교회는 그리스도 안에서 모두 하나입니다. 이방 교회든지 예루살렘의 교회든지 모두가 한 교회입니다. 이런 면에서 교회들과의 나눔은 교회 정체성을 말하는 중요한 요인이 됩니다. 한 몸이기에 당연히 나눔이 일어나야 합니다. 그렇지 않으면 그 교회는 죽은 교회입니다. 나눔을 실천하지 않는 교회는 그 자체로 죽었음을 스스로 증명하는 것입니다.

말씀의 실천

**1.** 오늘 깨달음과 도전을 주는 말씀은 무엇입니까?

_____

_____

**2.** 오늘 말씀을 통해 이번 주에 실천해야 할 사항은 무엇인지 삶의 적용을 위한 구체적인 실천계획과 함께 말해 보십시오.

_____

_____

**3.** 오늘 말씀을 통해 발견한 기도제목은 무엇입니까? 아울러 함께 기도의 시간을 가지십시오.

_____

_____

 내가 깨달은 영적 교훈과 삶의 적용

SCENE 21

# 다양한 사명

| 성경 본문 | 사도행전 12:1~25

기독교의 성장에 비례하여 기독교 탄압이 가속화되는 것은 역사적 교훈입니다. 이것의 예증으로 헤롯의 기독교 박해와 탄압이 소개됩니다. 온갖 무자비한 방법으로 기독교를 박해하지만 그럴수록 기독교는 더욱 부흥하고 발전하게 됩니다. 베드로를 처형시키려고 하지만 성령의 도우심으로 베드로가 구출을 받고 하나님의 일을 막으려는 음모는 실패하게 됩니다. 헤롯은 교만이 극에 달하여 결국 하나님의 심판을 받아 죽게 됩니다. 극심한 핍박 가운데서 교회가 어떻게 성장해 가는가를 보여주는 사건이라 할 수 있습니다.

**말씀의 살핌**

1. 헤롯 왕이 그리스도인에게 행한 악한 일들을 말해 보십시오.(1~2)

_____

_____


2. 유대인들이 헤롯이 행한 일을 좋아하자 헤롯은 더 신나서 어떤 일을 행했습니까?(3~4)

_____

_____


3. 야고보는 순교했고 베드로는 투옥되었습니다. 이런 핍박의 상황에서 교회가 한 일은 무엇입니까?(5)

_____

_____


4. 헤롯이 베드로를 잡아 죽이려는 전날 밤에 베드로에게 어떤 일이 일어났습니까?(6~10)

_____

_____


5. 베드로는 자기가 감옥에서 벗어난 것을 어떻게 생각하고 행동했습니까?(11~12)

_____

_____

6. 요한의 어머니 마리아의 집에 성도들이 모여서 한 일은 무엇입니까?(12)

_____

_____

7. 베드로와 마리아의 집에 있는 성도가 만나는 장면을 그려 보십시오.(13~17)

_____

_____

8. 날이 새자 베드로가 없어진 줄 알고 헤롯은 어떻게 했습니까?(18~19)

_____

_____

9. 결국 헤롯은 어떻게 죽었습니까?(20~23)

_____

_____

10. 복음을 핍박하던 헤롯은 충이 먹어 죽었지만 핍박을 받던 하나님의 말씀은 어떻게 되었습니까?(24)

_____

_____

**11.** 바나바와 사울이 함께 복음의 동역자로 삼았던 사람은 누구입니까?(25)

_____

_____

**1.** 하나님의 사명은 각자 다릅니다. 같은 사도라도 어떤 사람은 순교하고 어떤 사람은 장수하면서 고난을 받습니다(야고보—순교, 베드로—투옥, 요한—유배). 이것이 우리에게 주는 부름에 대한 교훈은 무엇입니까?(참고, 요 21:22; 마 16:24)

_____

**Tip** 하나님의 일은 어느 것이 더 좋고 못한 것이 없습니다. 모두가 자기 영역에서 하나님의 나라를 건설하는 데 서로 협력하는 것입니다. 주님의 일이라면 그 일은 모두 같은 일입니다. 자기에게 주어진 곳에서 최선을 다하는 것이 그리스도인 사역자들이 가져야 할 자세입니다. 하나님의 나라 관점에서 넓게 바라보아야 합니다.

**2.** 천사는 베드로를 구원하여 인도하고 나머지는 베드로 자신이 해결하도록 했습니다. 이것이 주는 영적 교훈은 무엇입니까?

_____

**Tip** 하나님은 인간이 할 모든 것을 대신하여 처리하지 않습니다. 우리는 하나님과 동역자입니다. 하나님과 우리는 각자 할 일이 있습니다. 자기가 해야 할 그 일을 찾아서 충성하는 것이 하나님의 일입니다. 하나님의 형상을 닮은 인간은 로봇이 아닌 자유의지를 가진 존재입니다.

**3.** 베드로는 기적으로 구출되었고 야고보는 순교 당했습니다. 사도행전에 나타나는 기적의 의미를 말해 보십시오. 기적이 자칫 기복이 될 수 있는 경우는 어떤 때입니까?

_____

_____

**Tip** 성경적인 기적은 인간의 뜻대로 일어나는 기적이 아닌 하나님의 뜻대로 일어나는 기적입니다. 하나님의 뜻이면 죽기도 하고 살기도 합니다. 죽고 사는 것은 하나님의 뜻 안에 있습니다. 모든 것을 인간의 욕심대로 하려고 하면 그것이 기복이 됩니다.

**4.** 사도행전 교회에는 말씀이 흥왕하는 역사를 통해 이루어진 부흥이 있었습니다. 이것을 통해 오늘날 교회성장에 필요한 중요한 요소들을 찾아서 정리해 보십시오.

_____

_____

**Tip** 말씀은 곧 하나님이십니다. 하나님은 말씀을 통하여 우리에게 다가오시고 그 말씀으로 역사를 진행하십니다. 교회는 말씀을 먹고 자랍니다. 말씀이 떠난 교회는 타락한 교회요 종교적 집단에 불과합니다. 말씀이 없는 교회는 곧 죽은 교회입니다.

말씀의
실천

**1.** 오늘 깨달음과 도전을 주는 말씀은 무엇입니까?

_____

_____

2. 오늘 말씀을 통해 이번 주에 실천해야 할 사항은 무엇인지 삶의 적용을 위한 구체적인 실천계획과 함께 말해 보십시오.

_____

_____

3. 오늘 말씀을 통해 발견한 기도제목은 무엇입니까? 아울러 함께 기도의 시간을 가지십시오.

_____

_____

 내가 깨달은 영적 교훈과 삶의 적용

## 저자 이대희 목사

장로회 신학대학교 신학대학원(M.Div)과 연세대학교 연합신학대학원(Th.M)을 졸업하고 현재 에스라성경대학원대학교 성경학박사(D.Liit) 과정 중이다.

예장총회교육자원부 연구원과 서울장신대학교 신학과 교수를 역임하고 서울 극동방송에서 "알기쉬운성경공부" "기독교 이해" 등 프로그램을 진행했다. 지난 20여 년 동안 성서사람 · 성서한국 · 성서교회 · 성서나라의 모토를 가지고 한국적 성경교육과 실천사역을 위해 집필과 세미나와 강의사역을 하고 있다. 현재 바이블미션(www.bible91.org) 대표, 꿈을주는교회 담임목사, 독수리기독중고등학교 성경교사, 강남성서신학원 외래교수, 서울장신대 겸임교수로 사역 중이다.

저서로 《30분성경공부시리즈》《투데이성경공부시리즈》《아름다운 십대성경공부시리즈》《이야기대화식성경연구》《성경통독을 위한 11가지 리딩포인트》《심방설교 이렇게 준비하라》《예수님은 어떻게 교육했을까?》《1% 가능성을 성공으로 바꾼 사람들》《자녀를 거인으로 우뚝 세우는 침상기도》《하룻밤에 배우는 쉬운 기도》《하나님 이것이 궁금해요》《크리스천이 꼭 알아야 할 100문 100답》 등 100여 권이 있다.

# 사도행전1

초판 1쇄 인쇄일 | 2007년 12월 30일
초판 3쇄 발행일 | 2011년  4월 11일

지은이 | 이대희
펴낸이 | 김학룡
펴낸곳 | 엔크리스토
마케팅 | 김민회, 이동석
관리부 | 임월규, 최경진, 이진규, 김선하, 신동열

출판등록 | 2004년 12월 8일
주      소 | 경기도 고양시 일산동구 장항동 585-2
전      화 | (031) 906-9191
팩      스 | (031) 906-9195
이 메 일 | 9191@korea.com
공 급 처 | 기독교출판유통 (031) 906-9191 팩스(031) 906-9195

ISBN  978-89-92027-29-8  04230
　　　89-89437-85-7 (세트)

값 3,500원

● 잘못된 책은 바꾸어 드립니다.
● 이 교재의 사용 방법, 내용, 훈련, 세미나에 대한 문의는 바이블미션(02-403-0196)으로 해주시면 최선을 다해 도와드리겠습니다.

# 엔크리스토 성경 공부 양육 과정

## 투데이 성경공부

평생 성경공부할 수 있도록 구성한 시리즈. 주제별로 구성되어 있어 각 교회의 상황에 맞게 커리큘럼을 재구성하여 사용할 수 있다.

101 신앙기초(전 9권 완간) | 201 예수제자(전 9권 완간) | 301 새생활(전 12권 완간)
601 성경개관(전 10권 완간) | 401 · 501 · 701 발간 예정

## 30분 성경공부

신앙생활의 기초를 다루었으며 신앙의 전체 그림을 그릴 수 있는 2년 과정의 소그룹 성경교재다. 성경공부를 시작할 때 사용하면 효과적이다.

믿음편 | 기초 · 성숙  생활편 | 개인 · 영성 · 교회 · 가정 · 이웃 · 일터 · 사회 · 세계
성경탐구편 | 창조시대 · 족장시대 · 출애굽시대 · 광야시대 · 정복시대/사사시대 · 통일왕국
시대 · 분열왕국시대 · 포로시대/포로귀환시대 · 복음서시대1 · 복음서시대2 · 초대교회시
대 · 서신서시대

## 아름다운 십대 성경공부

십대들이 꼭 알아야 할 성경의 핵심내용과 기독교적 가치관, 세계관을 정립하는 데 필요한 핵심주제를 담고 있으며, 3년 과정으로 구성되었다.

101 자기정체성 · 복음만남 · 신앙생활 · 멋진 사춘기 · 예수의 사람(전 5권)
201 가치관 · 믿음뼈대 · 십대생활 · 유혹탈출 · 하나님의 사랑(전 5권)
301 비전과 진로 · 신앙원리 · 생활열매 · 인생수업 · 성령의 사람(전 5권)

## 책별 성경공부

성경 전체 66권을 각 권별로 자유롭게 선택하여 사용할 수 있는 성경공부. 성경 전체를 체계적으로 연구할 수 있다.

창세기1 · 2 · 3 · 4, 느헤미야, 요한복음1 · 2, 로마서, 에스더, 다니엘, 사도행전1 · 2 · 3
(계속 발간됩니다)

## *지도자를 위한 지침서

- 이야기대화식 성경연구 | 이대희 지음 | 10,000원
- 인도자 지침서(십대 성경공부101시리즈) | 이대희 지음 | 10,000원
- 인도자 지침서(십대 성경공부201시리즈) | 이대희 지음 | 10,000원

이대희 지음/바이블미션 편

## 특 징

성경 66권을 쉽고 재미있게, 깊이 있게 배우면서 한국적 토양에 맞는 현장과 삶에 적용하는 한국적 성경전문학교

## 모집과정(반별로 2시간씩이며 선택 수강 가능)

● 성경주제반: 성경의 중요한 핵심 120개의 주제를 소그룹의 토의와 질문을 통하여 배운다.(투데이성경공부/30분성경공부)
● 성경개관반: 66권의 성경 전체의 맥과 흐름을 일관성 있게 잡아준다.(잘 정리된 그림과 도표와 본문 사용)
● 성경책별반: 66권의 책을 구약과 신약 한 권씩 선정하여 워크숍 중심으로 학기마다 연구한다.(3년 과정)

## 모집대상

목회자반/ 신학생반/ 평신도반(교사, 부모, 소그룹 양육리더, 구역장, 중직)

## 시 간

월~목요일(오전 10시 30분~오후 5시 30분/ 개관반 · 책별반 · 주제반)

## 수업학제

겨울학기 : 12~2월 | 봄학기 : 3~6월 | 여름학기 : 7~8월 | 가을학기 9~11월
(자세한 내용은 홈페이지 참조 요망. 학기마다 사정에 따라 일자가 변경될 수 있음)

## 수업의 특징

● 이야기대화식 성경연구방법으로 12주(3개월 과정) 진행
● 전달이나 주입식이 아닌 성경 보는 눈을 열어주고 경험하게 하면서 성경의 보화를 스스로 캐는 능력을 터득하게 하는 방법을 지향하며 소그룹 워크숍 형태로 진행

**강사** : 이대희 목사와 현직 성서학 교수와 현장 성경전문 강사

**장소** : 바이블미션
　　　서울시 송파구 가락동 96-5(지하철 8호선 가락시장역)

**신청** : 개강 1주일 전까지 선착순 접수(담당 : 채금령 연구간사)

**문의** : 바이블미션–엔크리스토 성경대학(016-731-9078, 02-403-0196)
　　　(홈페이지 www.bible91.org)